JN064680

天然石と暮らす

心癒やされ、幸運が舞い込む

しずく 著

VOICE

はじめに

花を飾るように、石を飾ろう

こんにちは。しずくです。
この本を手にしてくださり、心から感謝いたします。
私は、代官山で天然石のショップを開いて16年になります。

自然がなせる業によって誕生する天然石。
その最大の魅力はどこにあると、あなたは思いますか？

私が思う天然石の最大の魅力は、私たちの日常の暮らしも、心も、豊かに美しく彩ってくれることです。
私は何十年も天然石と暮らしているのに、その美しさに毎日心奪われる瞬間が、必ずあります。

天然石は、１つとして同じものは存在しません。
同じ種類であり、一見同じように見える石でも、それぞれ異なった輝きを放っています。
１つひとつの石が持つ、何億年にもわたって地球に育まれた輝きを捉えると、自然や命の尊さを感じて有り難く、幸せな気持ちになるのです。

天然石が持つ「運気を上げる」といわれる神秘的なパワーに、助けられることもしばしばあります。一方、天然石は「パワーストーン」と呼ばれることがあるように、スピリチュアルな印象から嫌悪感を抱く方がいらっしゃることも知っています。
でもそれは、もったいないです！

部屋に花を飾るように、石も気軽に飾って楽しんでほしい。
それこそが私がずっと願ってきたことです。
自然の産物である天然石は、あらゆる空間に馴染みやすく、おしゃれな空間を演出できるアイテムです。最近では、ファッションやアート、美容の世界などでも、インテリアやオブジェとして色とりどりの美しい天然石を用いる人が増えています。

古来、石は、魔よけや願掛けとして使われてきた側面もありますが、火を起こしたり、文字を刻んだりする道具として私たちの暮らしに寄り添うナチュラルなツールだったことを考えれば、それもうなずけるでしょう。

「この石、きれい！」
そんな第一印象を大切に、もっと気軽に石をあなたの暮らしに取り入れてみてください。

きっとあなたの暮らしは、より輝きを増し、豊かで居心地のよいものになるでしょう。
この本がその一助になりましたら幸いです。

しずく

「石は人間が存在する以前から
生命をもっていた。
石こそ地球の骨だ」

イサム・ノグチ（彫刻家）

＊P2〜5の石の名前はP134をご覧ください。

Contents

Chapter 3
天然石と運気

Chapter 4
運気別の天然石、飾り方のコツ

Chapter 5
天然石を身につける

Chapter 6
鉱物図鑑

Chapter 7
押さえておきたい 天然石の扱い方

Chapter1

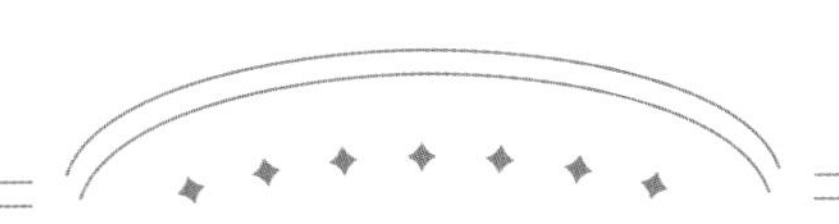

天然石を選ぶ

地球が途方もない年月をかけて
つくり上げた、
魅力あふれる天然石。
天然石は、地球の息吹が
聞こえてくるような、
大自然からの神秘の贈り物です。
そんな天然石を、初めての方でも
気軽に選ぶ方法をご紹介しましょう。
「好き」という気持ちや
フィーリングを大切に
選んでみてください。

▶ペリドット

色から選ぶ

「ぱっと見て惹かれる色はどれでしょうか？」
純粋な好みで選んでみましょう。天然石を選ぶとき、その色はとても重要な役割を担っています。

White

惹かれる意味：宇宙とのつながり、高次元との結びつき、使命を生きる、結婚、妊娠、浄化

白、透明系の石：水晶、アゼツライト、セレナイトなど

Green

惹かれる意味：バランス、リラックス、心のままに、自然、安全、平和、創造性

グリーン系の石：アベンチュリン、ペリドット、マラカイト、グリーンフローライトなど

Black

惹かれる意味：強い意志、孤独、魔よけ、自己確立、独立、防御、自己信念、決断

ブラック系の石：黒水晶／モリオン、ブラックダイヤモンド、オニキス、ヘマタイトなど

Violet（～Navy）

惹かれる意味：サイキックな能力の開花、直観力、魂の輝き、洞察力、思考の活性化

紫系の石：アメジスト、タンザナイト、チャロアイト、ラピスラズリ、アズライトなど

赤い色を見ると情熱、やる気などのキーワードが思い浮かぶように、私たちは無意識に色の影響力を感じ取っているからです。私は、「惹かれる色の石は、自分にとって今必要な色と石」とお伝えしています。直感的に惹かれる色の意味を知ることで、自分自身の心の状態を理解できるようにもなるでしょう。

Yellow

惹かれる意味：自信を高める、活力、元気、感情のコントロール、自己信頼、情熱、喜び

黄色系の石：シトリン、カルサイト、アラゴナイト、ルチルクオーツなど

Orange

惹かれる意味：創造性を高める、人生の楽しみ、快楽、喜び、決断力、満たされた生活、幸福

オレンジ系の石：サンストーン、カーネリアン、オレンジガーネットなど

Pink

惹かれる意味：自分や他者への愛、調和、美、心を開く、優しさ、自己肯定感

ピンク系の石：ローズクオーツ、インカローズ、トルマリン、カルセドニーなど

Light Blue（～Blue）

惹かれる意味：自分を表現する、創造性、コミュニケーション、心の癒やし、清涼感、平和

水色系の石：アクアマリン、ターコイズ、ラリマー、サファイア、アイオライトなど

Red（～Brown）

惹かれる意味：情熱、現実を生きる力、熱意、家族、絆、忍耐、心身両面の土台、安定

赤系の石：ガーネット、ルビーなど

＊石の名前はP135をご覧ください。

形から選ぶ

同じ種類の石でも形が変わるだけで印象がガラリと変わり、空間の雰囲気さえも変化します。空間をどんな雰囲気にしたいか。石を形から選ぶのも楽しいでしょう。

Heart

ハートは自分が疲れているときや、優しい気持ちになりたいときに惹かれる代表的な形です。大きめのハートの石を部屋に飾れば、たちまち癒やしの空間が生まれます。小さなハートの石は、持ち歩いてお守りに。

＊茶：ラブラドライト、薄ピンク：ローズクオーツ、オレンジ：オレンジカルサイト、透明：水晶、白：セレナイト

Ball

丸い形はパワーの循環を表し、安定や完全性の象徴といわれる形です。さまざまな大きさ、色の丸い石を水玉模様のように並べると、ポップでありながら、調和的な空間ができます。

＊ピンク：インカローズ、青：ブルーカルサイト、水色：ラリマー、薄ピンク：ピンクオパール、緑：グリーンフローライト

Cluster

水晶の柱が四方八方に伸びるクラスターは、原石そのままの形の石です。存在感があり、クールで洗練された雰囲気を演出してくれます。クラスターは、エネルギーを広範囲に拡散させ、浄化に優れています。自分自身がポジティブでエネルギッシュな状態にいるときに、とくに惹かれることが多いです。

＊淡い青：セレスタイト、紫：アメジスト、薄黄；ゴールデンカルサイト、透明：水晶、薄紫：ベラクルスアメジスト

希少性から選ぶ

最近注目されているレアストーンたちは、一言で言えば、手に入りにくい石のこと。世界中にコレクターがいます。採れる産地が限られていたり、すでに閉鎖されている鉱山の石だったり、それぞれにストーリーがあって人気が沸騰しています。私は、貴重だからといってしまい込まず、ガラスケースなどに入れて楽しむようにしています。

（上段左から）フローライト：珍しいイギリス産。ピンクアメジスト：アルゼンチンの鉱山でのみ採れる石。ハーキマーダイヤモンド：アメリカ・ニューヨーク州ハーキマー地区でのみ産出する希少な水晶。
（中段）ライトブルーフローライト（左と中央）、グリーンフローライト（右）：フローライトは近年、採掘量が急速に減っています。他色が混ざらないこの３色は特にレア。
（下段）クリソコラ（左、右）：和名、珪孔雀石（けいくじゃくいし）と呼ばれる鉱物。アメリカ南西部で採れる混じり気のない澄んだ青色の石は良質。ウォーターメロントルマリン（中央）：スイカのようなバイカラーで形成される珍しいトルマリン。

大きさで選ぶ

天然石のサイズはじつにさまざまです。博物館などでは大人の身長や体重を優に超える巨大な石が展示されていたりします。
このページの石はすべてアメジストですが、大きさによって違った表情を魅せてくれます。エネルギーの強さは、大きな石のほうが強くなります。飾りたい空間に合う、違和感のないサイズを選ぶとエネルギーのバランスが取れるでしょう。

気になる国、産地から選ぶ

天然石の産地は世界中にあります。その産地によって色合いや形状、クラックや内包物などの特徴があります。水晶系の石を中心にご紹介しましょう。

中国

雄大な土地を持つ中国は、何でも採れるといっていいほどの天然石の一大産地。特に、四川省に代表される水晶の産地として知られています。中国産水晶の特徴は細い針山のような水晶ポイントです。メノウやフローライトも採掘されます。

ヨーロッパ

複数の国にまたがるヨーロッパ最大のアルプス山脈は、古くから良質の水晶が採掘される場所として有名です。

ネパール

上質で希少なヒマラヤ水晶の産地。ヒマラヤ水晶の採掘現場は機械の入れない山奥にあるため、職人は歩いて山を登り1つひとつ丁寧に採掘しています。ガネッシュヒマール産やカンチェンジュンガ産などが代表的。

インド

インドは宝石や鉱物の豊かな産地として知られており、水晶以外にも多くの種類の鉱物が採れます。ルビー、エメラルド、サファイア、カーネリアン、アメジストなどです。これらの宝石や鉱物は、インドの自然の富を示し、宝石市場で高い評価を受けています。ただし、宝石の採掘と取引には厳格な規制があるため、入手が難しいこともあります。

南アフリカ・マダガスカル

上質な天然石が発掘されて近年注目のエリアです。北ケープ州のグリカランドウェストは、タイガーアイの主要産地です。マダガスカル島で多くの良質な水晶、ローズクオーツが産出されています。

オーストラリア

オパールは産地が限られた宝石で、主に、オーストラリア、メキシコ、エチオピア、ブラジルなどで採掘されますが、その9割をオーストラリア産が占めるといわれています。
オーストラリア産オパールは、組成の密度が高く、オパールの命といわれる赤、オレンジ、グリーンに青と、遊色が豊かなことが特徴です。

ロシア

ロシアのヨーロッパとアジアの境界に位置するウラル山脈は、宝の山といわれるほど貴重な鉱物資源が豊富。金、銀、プラチナ、エメラルド、トパーズ、アレキサンドライト、水晶、チャロアイト、アマゾナイトなどが採れます。

アメリカ

アメリカは隠れた宝石王国です。アーカンソー州の水晶は、世界一の透明度を誇るといわれています。ポイントの先のエッジが鋭い特徴があります。インディアンジュエリーに必ず使われているターコイズは、アリゾナ州が主要産地。モアフィールド鉱山（バージニア州）は、膨大な量のアマゾナイトが採れます。

日本

日本の宝石というと、真珠やサンゴといった海由来の宝石が有名ですが、鉱物も負けていません。日本の国石ヒスイは、新潟県の糸魚川市が産地として知られています。水晶は全国で採れますが、中でも山梨県甲府市は水晶の町ともいわれます。「ばら輝石」と呼ばれるロードナイトはディープな赤い色をしたものが上質とされ、愛知県で産出されています。他にも、トパーズ、オパール、ガーネットなど多数の種類が採れます。

ペルー

条線が見える高品質のパイライトや、木目のような縞状の模様を持った美しいインカローズの産地として知られています。

スリランカ

ダイヤモンド以外は採れるといわれる、天然石の産地です。ローズクオーツマウンテンというピンク水晶で覆われた山もあります。ブルーサファイアやルビーが有名ですが、キャッツアイ、ムーンストーン、トパーズ、ガーネット、アクアマリンなども上質です。

ブラジル

ブラジルは水晶クラスターが採れる産地として有名です。透明度が高く、1つひとつの結晶が大きく、しっかりとした六角形の柱を持った水晶らしい水晶が特徴です。アメジスト、シトリン、ルチルクオーツ、ローズクオーツ、スモーキークオーツ、トルマリン、エメラルド、ダイヤモンドなど、人気の高い天然石の主要な産地の一つです。

P20 水晶、P21 クンツァイト（上）、メノウ（下）

Chapter 2

天然石を飾る

好きな天然石を集めているけれど、
飾り方がよくわからない…
という人もいるかもしれません。
天然石は飾り方によって、
見え方も空間の雰囲気も
ガラリと変わります。
あなたの大事な天然石たちを
おしゃれに飾る方法を見つけましょう。

▶ピンクサファイア

飾り棚を使って
インテリアショップふうに飾る

鑑賞する人の好きなスタイルで飾るのがいちばんですが、ポイントを押さえておくとより天然石の魅力が発揮され、エネルギーも循環しやすくなります。部屋の飾り棚や、オープンラックの一角を天然石スペースにするだけで特別な空間が生まれます。

あえて同じ種類や色の石をまとめて飾ってみました。連続性をもたせると統一感が出て、目を引き、おしゃれな印象になります。

おしゃれに見える「石の飾り方」4つのコツ

1. テーマを決める

「この石を見せたい」「クールなイメージにしたい」など自分の好みの石や小物を最初にセレクトしてみましょう。それが自ずとテーマになります。

2. 色のトーンや質感を揃えて統一感を出す

ディスプレイ全体の色のトーンを揃えたり、似た質感の石を取り入れて統一感を出しましょう。ここでは、パステルカラーの石や小物をメインにして優しい雰囲気に。上段のゴールドの石、パイライトや、下段の地球のようなネイビーの石、ソーダライトをアクセントにしてメリハリをつけています。

3. 三角形を意識する

石や小物の配置に迷ったら、基本としては、全体的に三角形になるように置くと、自然と見た目のバランスが整います。それを軸にして周囲を飾るアイテムを決めていくとよいでしょう。

4. 下段に大きな石を置く

上段よりも、下段にボリュームを持たせるほうが安定した見た目になります。また、大きな石は目線より下にあるほうが、その表情がよく見えます。

＊P24、25の石の名前はP136をご覧ください。

本棚や食器棚にも
石を飾ってみよう

オープンラックやキャビネットなどの飾り棚がなくても、
石をアクセントに素敵な空間がつくれます。

本棚に石を飾るときは、思い切って石のために空間を空けましょう。本がどっさり詰まっていると、重苦しい雰囲気になりがちです。
職人が染色した鮮やかなピンクとブルーが印象的なメノウをブックエンドに見立てて使っています。機能的かつ、おしゃれなインテリアの1つに。置きたい本のサイズによって石を選ぶとよいでしょう。

石とガラス食器は相性がよく、食器棚の演出に向いています。「間」を使って配置すると、石と食器がぶつかって欠けてしまうようなアクシデントも防げます。オレンジ系の石には、食欲増進、消化力アップ、活力補給の効果があります。

＊最上段：シトリン、上から2段目：シトリン（手前）、ゴールデンカルサイト、上から3段目：オレンジカルサイト（球型、楕円形、後方のポイント2本）、セレナイト（お皿）、サンストーン（手前のポイント）、最下段：シトリン（ポイント、2本）、オレンジカルサイト（天使）

コーヒータイムに、石をトレイやカトラリーレストとして取り入れて。優雅な気分が増してきます。水晶やローズクオーツなど、水や油に強い石がおすすめです。

＊石の名前はP137をご覧ください。

石の飾り方のコツ、いろいろ

石１つひとつの個性が輝く置き方のポイントを押さえて、
石たちの魅力をもっと楽しみましょう。

1. 高低差をつける

同じ大きさ、高さの石は高低差を意識すると、それぞれの石に注目が集まります。小さな石は棚にまとめて飾ると、宝石箱のような存在感を発揮します。

＊上段：２つともアステロイド水晶（12個の頂点を持つ、神聖幾何学模様の水晶のこと）、中段：アメジスト、下段：２つともローズクオーツ

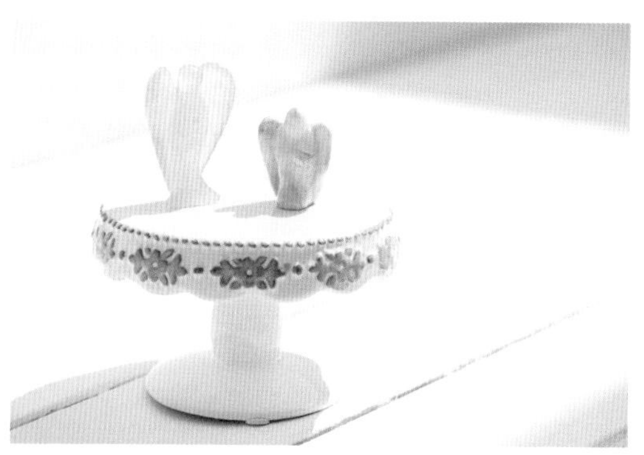

石を主役にしたいときは、シンプルなアイテムと合わせたほうが石の表情が引き立ちます。台などを使って高さを出すと特別感も演出できます。

＊ピンク：ローズクオーツ、青：ラリマー

2. バランスよく飾る

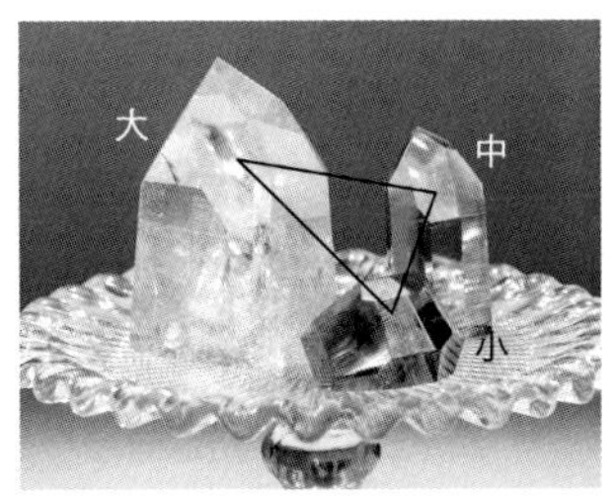

限られた空間に3つ以上の石を重ねて並べるときは、背の高いものと低いものを組み合わせて三角形を意識すると、バランスが取れて落ち着いて見えます。完全なシンメトリーにする必要はなく、崩しや遊びを加える際も三角形を意識すると安定した空間になります。

＊水晶（大）、シトリン（中）、シトリン（小）

3. 同系色でまとめる

石の色のトーンを1色に揃えると、空間の中での石の存在感が増して、石や色のパワーも倍増します。自分が好きな色味をチョイスしてみましょう。

同系色でまとめるときは、素材感が違うものをミックスすると視線を集めることができます。

同系色の石であっても、石は光の反射で異なる色彩を見せるものが多いので、さまざまなムードを楽しめます。

＊石の名前はP137をご覧ください。

4. ガラスと一緒に飾る

クリアで繊細なガラスは石の美しさを一段と引き立たたせてくれるアイテムです。お気に入りの石をグラスやガラスのお皿に置けば、いっそう輝きが増すでしょう。

＊1ゴールデンカルサイト、2ブルートパーズ、3ペリドット、4シトリン、5ローズクオーツ、6水晶、7アメジスト、8レムリア水晶

石を花やグリーンと一緒に飾る

有機的な美しさを持つグリーンや花、無機質な美しさを持つ天然石。
自然から生まれた２つの美しさの絶妙な組み合わせを楽しみましょう。

華やかな花とインパクトある大きな石を一緒に飾ると、
石の硬質な印象と相まってモダンでおしゃれな空間に。

＊黄：シトリン、透明：水晶

ピンクのインカローズと同系色の花を華やかに飾って。
双方の魅力が際立つ、夢見心地のディスプレイ。

一輪の花を添えるだけでも
その生命力で、石まで明る
く輝いて見えます。

＊トレイ：ローズクオーツ、
青：ラピスラズリ、シャンパン
ゴールド：パイライト

NATURALIS
THE COTTON

いきいきとした石の魅力を引き出してくれるグリーン。そばに石を無造作に置くだけで自然の一部を切り取ったような風景が生まれます。

＊（左から）月型：水晶、球型とポイント２本：フローライト、小さめのポイント：グリーンカルサイト、一番右：フローライト

デスク周りに石を飾る

デスク周りなどのパーソナルスペースには、小ぶりな石を飾るのがおすすめ。
青やグリーン系の色は、集中力や直観力を与えてくれます。

＊左（本の上）：水晶、中央の小さめなポイント：フローライト、中央後ろのポイント：ブルーカルサイト、
右と後方のポイント：フローライト、花瓶：ラピスラズリ

石をペーパーウェイトにする

手の平におさまるサイズ感の石は、紙や本を押さえるペーパーウェイトにぴったり。
＊球体：ゴールデンカルサイト、お皿：ローズクオーツ、ハート型：アメジスト

自分の好きな石をそばに置いて物を書くと、石のエネルギーに喚起されて新しいアイディアが降りてくることも少なくありません。
＊石の名前はP137をご覧ください。

石をお皿に乗せて飾る

雑然としがちなテーブルやデスク周りに小さな石を飾りたいときは、お皿に乗せてみましょう。オブジェのような役割をしつつ、片づけもしやすくなります。お皿によってガラリと雰囲気を変えることもできます。

石が引き立つお皿選びは、模様や角度など装飾が少ないシンプルなものがおすすめです。指輪を置いているのは和食器。家にあるものを上手に使ってみましょう。

＊一番左の2つの石と中央の石：水晶、指輪：バイカラートルマリン（左）、ピンクサファイア（右）、青：アクアマリン

夢の天然石
コーナーをつくる

部屋のワンコーナーにあなたのこだわりをぎゅっと詰め込んでみましょう。ポイントは、「どの位置から見て素敵に見えるか」です。目線の高さを意識して飾ってみましょう。

＊黄色の石４点：シトリン、中央の楕円形の石：レッドメノウ、赤いポイント２個：カーネリアン

椅子を使って
部屋の角に石を飾る

部屋の角は物置きや、デッドスペースになりがち。石と椅子で有効活用して、小さなスペースを自分だけのサンクチュアリに変身させましょう。お気に入りの椅子と、サイズ感の違う石をいくつかコーナーに置いてみると、雰囲気がスタイリッシュに早変わり。

＊左から、シトリン、パイライト・イン・クオーツ、スモーキークオーツ

石を床置きして飾る

家具の高さを低くまとめる「ロースタイルインテリア」にも石は好相性。棚ではなく、あえて石を床に置くことで、ラフでナチュラルなムードを取り込めます。

＊透明のポイント２本：レムリアンクリスタル、中央の石：セレスタイト

部屋の行き止まり、廊下、階段の踊り場などの床に、好きな石を並べてみましょう。圧迫感なくカジュアルにおしゃれな空間をつくれます。

＊左から、セラフィナイト、ラブラドライト、マラカイト、セレスタイト、ラピスラズリ、メノウ、ブルーメノウ

ヨガや瞑想のおともにぜひ石を。ソーダライトや水晶は浄化力が高く、集中力を高める助けに。足元からそのエネルギーを取り込むことができます。

＊一番左：水晶ジオード、ガラスの器の中：水晶とラベンダーアメジスト（薄紫）、セージを入れている器：セレナイト、球体：ソーダライト

子ども部屋に石を飾る

おもちゃのジュエリーに夢中になるように、子どもはきれいな石が大好きです。分別がつくようになったら、子ども部屋に飾る石を一緒に選んでみてはいかがでしょうか。

リラックスでき、落ち着いて勉強に集中できる子ども部屋におすすめの石をピックアップしました。

紺：ソーダライト（忍耐力や集中力アップに効果的）、ピンク：インカローズ（気持ちが落ち着く）、水色、オレンジ、真紅：カルサイト（さまざまな知恵を授ける）、透明：水晶（環境の浄化）

子ども自身が気に入った石を選ぶのがいちばんですが、親しみやすい天使や動物の形の石は、大切にしたい気持ちが自然とわくようです。

*天使：ローズクオーツ、赤いポイント：カーネリアン、月型：水晶、うさぎ二匹とも：水晶、ねずみ二匹：水晶、ローズクオーツ（ピンク）、イルカ二頭：水晶、ラピスラズリ（紺）、招き猫：ローズクオーツ、箱：ラピスラズリ、箱のさざれ石：アメジスト

おもちゃや絵本と一緒に天然石を並べればかわいい魅せるインテリアに早変わり。

*黄：イエローカルサイト、緑～紫：フローライト

照明を意識して石を飾る

天然石は、基本的に地下の光がない世界で育つため、日光が苦手なものもあります。でも、光を浴びる天然石は、カラーゾーニングや模様が浮かび上がり、とても魅力的。ぜひ照明の下で愛でてあげましょう。

*左から、水晶、ローズクオーツ、ブルーカルセドニー（台座を含む）、水晶ジオード

ローズクオーツを使用したキャンドルホルダーは、リビングや寝室にぴったり。
日中は、原石の持つ自然そのままの姿を楽しみ、夜はキャンドルをともして、時がゆったり流れているかのような柔らかな明かりでリラックス。

＊石の名前はP138をご覧ください。

Chapter 3

天然石と運気

石には古来、気の流れを安定させたり、
邪気や魔をはねのけるために
使われてきた歴史があります。
自宅は、ゆっくりと休み
英気を養う場所です。
美しい天然石で環境と住む人の
エネルギーを整えて、
運気をみるみるアップさせましょう。

▶ルチルクオーツ

天然石と風水

好きな天然石を、好きな場所に飾る。それは、天然石と暮らすいちばんの醍醐味でしょう。
もちろんそれもあなたの運気アップに効果的です。でももしあなたが、「すべての運気を底上げしたい」もしくは、「金運を上げたい」など、特定の運気アップを望んでいるときは、「風水」の考えを取り入れながら天然石を飾ってみてはいかがでしょうか。

風水とは、古代中国から伝わる環境地理学をベースにした、自分の力で運気を引き寄せる法則の１つ。とくに家などの環境に作用します。
風水の法則にのっとり、家の中を整えることで、住まいも、自分自身も気がよくなって、自然とよい運気へと導かれるのです。

風水では、方位が大切にされています。たとえば、玄関は「運気の出入り口」といわれ、流派にもよりますが、東南や南向きの玄関がよいとされています。しかし、私の経験からは、あまり方位に捉われる必要はないように感じています。
気のエネルギーをよくしたい場所に天然石を飾ることで、十分よい運気を取り込み、悪い気を締め出すことができるからです。

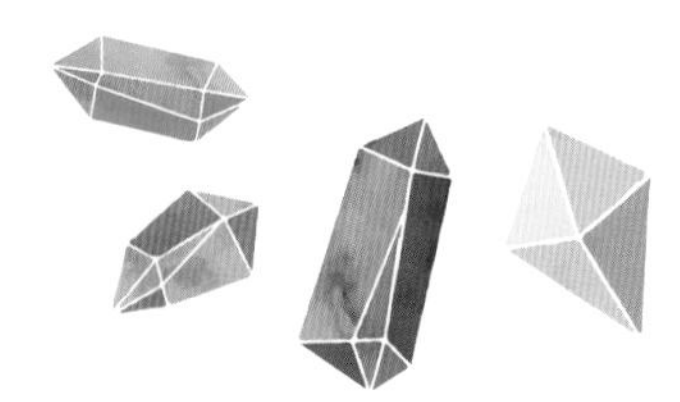

しずくの「天然石風水」ポイント3

石のパワーをよりパワフルにするために、以下の3つのアクションを心がけてみてください。

1 水回りのお掃除

風水において、「掃除」は非常に大切です。風水では、キレイな家、キレイな場所によい気が集まると考えられているためです。
忙しい人は水回りだけでも気をつけてみましょう。洗顔のあとに洗面所を掃除する、トイレはこまめに掃除する、シンクは水滴を拭き取るなど、気づいたときにさっと掃除をする習慣をつけましょう。

2 換気をよくする

朝起きたときに窓を開けて換気をすると、悪い気を追い出し、1日の運気の流れがよくなります。
キッチン、バスルーム、トイレなど、においがこもりやすい場所は、小まめに換気扇を回して、清潔な空気を循環させることも大切です。

3 直感に従って行動する

私たちは、日々小さな選択をして生きています。とくに石と生活し始めると、今までの自分では想像しえなかったインスピレーションを受け取ることも増えるでしょう。そんなときこそ直感を大切に行動してみてください。

玄関

人が玄関から出入りするように、気も玄関から出入りしています。つまり、あなたの人生を左右する運気は、玄関を行き来しているのです。
「玄関は幸運の通り道」というと聞こえがいいですが、悪い気も入ってきています。つまり、幸運も悪運も入ってくるため、玄関より先には、悪運を入れないように厄払いする場であることも大切な玄関の役割です。そのためには、まず浄化です。玄関はつねに快適な空間を目指すことが理想。風通しよく、明るい雰囲気にし、整理整頓を心がけ、よい香りがする。この4つを心がけてみてください。天然石は、浄化効果の高い石をおすすめします。光をよく通す透明度の高い石を置くと明るさが増してなおよいでしょう。

玄関に
おすすめの天然石

水晶、アメジスト

・全体運、仕事運、対人運、健康運、魔よけに効果的
・浄化力が高く、マイナスエネルギーをクリアにする

＊P52、53 水晶（透明）、アメジスト（紫）

キッチン

風水では「食べる」ことは「豊かさ」を表すとされ、食材を保管したり、調理したりするキッチンは金運、ひいては健康運に大きな影響を与えるといわれています。
しかし、「火」を使って調理し、「水」で洗浄するという相反するエネルギーを多用する場所であるため、エネルギーが不安定になりやすい場所でもあります。火と水のエネルギーがそれぞれ安定して働くようにすることが大切なのです。そのためには、まず清潔第一。水回りのゴミや油汚れは小まめにメンテナンスしましょう。食器棚や冷蔵庫、パントリーは詰め込み過ぎに注意し、エネルギーが通るすき間をつくるよう心がけてください。地に足をつける効果が高いパイライトやシトリンなどの天然石を置くと、エネルギーが安定します。小瓶やガラスドームに入れて飾ると、汚れ防止にもなりおすすめです。

キッチンに
おすすめの天然石

パイライト、シトリン

・金運、健康運に効果的
・心身を活気づけ、グラウンディングする

＊P54、55 パイライト（シャンパンゴールド)、シトリン（薄黄）

リビング

自宅のメインルームであるリビングは、書斎や子ども部屋、ゲストルームなどとは異なり、家族が集いくつろぐ場所です。家族団らんがはずみ、心身がリラックスできる快適な空間を演出することが求められます。その点で、優しい気持ちになれる淡いブルーやグリーンの天然石がおすすめです。
なお、いろいろな人が集まり、さまざまなエネルギーが混ざり合うため、マイナスのエネルギーが溜まりやすいともいえます。リビングには、ネガティブなエネルギーも吸収できる大きめの天然石を置くとよいでしょう。

リビングに
おすすめの天然石

フローライト、水晶、
セレスタイト

・対人運、家庭運に効果的
・心身が休まり、心が穏やかに整う

＊P56 フローライト（2点とも）、P57 前列：フローライト（2点とも）、後列：セレスタイト（青系3点）、ローズクオーツ（トレイ）

ベッドルーム

ベッドルームは１日の始まりと終わりを迎える大切な場所です。風水では、「眠っている間に運気はチャージされる」ともいわれます。疲れを癒やし、外で吸収した悪いエネルギーをリセットして、翌朝にはよいエネルギーの流れに整っていることが大切です。そのためには、寝ている間に心身に溜まったマイナスエネルギーをプラスに転じ、精神を安定させる効果が高いアメジストなどの天然石を取り入れてみましょう。
１日の1/3近くを過ごす場所ですから、毎日の積み重ねが運気に大きく作用します。清潔で温かみのある寝具を用意し、静かで落ち着ける雰囲気の演出も大切に。

「代官山石の雫」にて、
軽やかな心で、
未来へ羽ばたきましょう。
スピリチュアルリーダーしずくが、
予約制であなただけの
カウンセリングを行います。
世界各地から選りすぐった、
美しい天然石をご紹介します。
あなたの心が幸せで
満たされますように。

ご予約はこちらのサイトからどうぞ。

https://www.ishi-no-shizuku.com

☆ ☆ ☆ ☆ ☆ ☆ ☆ ☆ ☆ ☆ ☆

フェイスブック

https://www.facebook.com/daikanyamaishinoshizuku

☆ ☆ ☆ ☆ ☆ ☆ ☆ ☆ ☆ ☆ ☆

インスタグラム

https://www.instagram.com/shizukumedium

ベッドルームに
おすすめの天然石

アメジスト、水晶

・全体運、健康運に効果的

・ストレスを取り除き、精神を安定させる

＊P58、59 アメジスト（紫の石）、ローズクオーツ（金縁のトレイ）、メノウ（青いトレイ）

バスルーム

入浴は、１日に溜まった厄を落とす大切な行為。夜ゆっくりお風呂に入ってリラックスすれば、体内の気の循環がよくなり、美容運、健康運、恋愛運が高まります。恋愛やヒーリングの石として知られるローズクオーツは、それらの運気を底上げしてくれるでしょう。大量の水を使う浴室は、湿気やカビが発生し、悪い気がこもりやすい場所でもあります。排水口のつまりは、小まめに掃除をして清潔に保つと運気アップです。

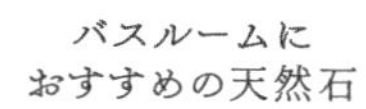

バスルームに
おすすめの天然石

ローズクオーツ、水晶

- 恋愛運、美容運、健康運、自己肯定感に効果的
- 愛をもたらし、傷ついた心や疲れを癒やす

＊P60、61 ローズクオーツ（すべての石）

トイレや洗面台

トイレは金運と健康運に大きく関わる場所です。バスルームと同じく「厄を落とす場所」ですから、つねに清潔にするのが基本。マイナスな気持ちになったときは、トイレ掃除を念入りにすると、気持ちがリセットしやすくなります。悪い気を溜めないように心がけた上で、シトリンなど金運に効果のある石を置くとよいでしょう。
洗面台の鏡は美容運に直結します。ローズクオーツなど女性性を高め、美意識を高める石を飾ると相乗効果が期待できます。鏡や金属部分はいつもピカピカに磨いておきましょう。

バスルームに
おすすめの天然石

トイレ：シトリン、水晶
洗面台：ローズクオーツ、水晶

・全体運、健康運、金運、美容運に効果的

・厄を落とし生活レベルを向上、女性性を高める

＊P62 左からシトリン、メノウ、水晶、デザートローズ、ヘマタイト、
P63 ローズクオーツ（ピンク）、水晶（透明）、フローライト（緑）

＊P64 水晶（すべての石）、P65 ハーキマーダイヤモンド

Chapter 4

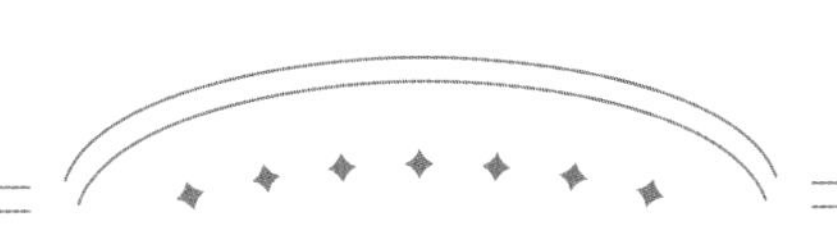

運気別の天然石、飾り方のコツ

天然石に興味を持ったのは、
運気に作用するから、
という人も多いでしょう。
あなたがほしい運気別に
石をご紹介します。
石に宿る運気を
チャージできるとともに、
飾り方を一工夫すると
効果もアップします。

▶ムーンストーン

Love and Marriage 愛・結婚

愛し愛される人間関係があることは、人生を豊かにします。それは恋愛関係に限らず、友情にもいえること。さまざまな形のパートナーシップを幸せなものへと育て、関係性を調和に導く石をご紹介します。

1ローズクオーツ：恋愛運を司る代表的な天然石。ローズクオーツの効果を感じられない人は、ローズクオーツが対応する第4チャクラ(P93)、胸部の中央を意識して。第4チャクラにローズクオーツを当てたり、右手でローズクオーツ、左手で胸元に触れ、深呼吸をしたりするのもおすすめ。2インカローズ：永遠のパートナーに巡り合い、幸福な恋愛、結婚へと導く。3メノウ：永続的で安定したパートナーシップを築きます。マンネリ打破や子宝のお守りにも。4セレナイト：天使性と強力な浄化力が特徴。清らかな波動が大切な人との関係を円滑に。

Wealth and Money 富・お金

黄色や茶色の天然石は、お腹周りのエネルギーを活性化し、働く気力を高めてくれます。これによって、財運が向上します。活力を上げたいときは、シトリンやパイライト。目標を達成したいときは、ルチルクオーツやタイガーアイ、働く意欲を上げたいときは、アンバー、イエローカルサイトなどがおすすめです。

1ゴールデンカルサイト：目標を達成し金運アップを叶えるパワーを持った石。正財運にとくに効果的。2シトリン：富と繁栄をもたらす幸運の石。財産を増やす蓄財運にとくに効果的。3イエロータイガーアイ：決断力・実行力を高めて成功に導き、収入を増やす正財運に効果的。4ルチルクオーツ：金運を強く向上させる石で感性を刺激します。一攫千金運、棚ぼた運の他、正財運にも効果的。5パイライト：家庭の繁栄に効果を発揮する石で、正財運、蓄財運アップに力を与えます。6アンバー：太古から財運をもたらす化石として愛されています。無駄遣いを減らすなど、地に足がついた生活ができ、正財運、蓄財運に効果的。

Beauty 美容

美は一日にしてならず。内面外面ともに美しくなる天然石を生活に取り入れましょう。

1ローズクオーツ：内分泌系を活発にしてくれるエネルギーがあり、昨今、美肌効果を発揮する力が改めて注目されています。2インカローズ：いつまでも美しく若々しくありたいあなたへ。アンチエイジング効果が期待できます。3ブルートパーズ：感性を研ぎ澄まし、あなたの眠れる美しさを引き出します。4ウォーターメロントルマリン：ヒーリング効果が高い石。人間的魅力を開花させて活力を与えます。5アクアマリン：基礎代謝を高め、新陳代謝を促す効果があり、ダイエット効果が期待できます。6シトリン：ストレスや不安を和らげ、ポジティブなオーラを放ちます。7アメジスト：頭をスッキリさせ、神経を癒やします。安眠効果も。8ペリドット：内側から輝く美しさに導きます。9ガーネット：生命力を高め、イキイキとした印象を与えます。

Human relationship
人間関係

「人の悩みの９割は人間関係」といわれるほど、その関係に苦心する人は多いもの。円満な対人関係をもたらす天然石の力を借りてみましょう。

１カルサイト：対人関係を円滑にし、人生に豊かさと楽しみを与えてくれます。２アメジスト：身近な人に対して優しい気持ちを持てるようになり、トラブルを改善に導きます。３ラリマー：コミュニケーション力がアップし人間関係を好転させます。４ブルーレースアゲート：先入観や苦手意識を手放し、対人関係のもつれを解消する助けに。５セレスタイト：精神的安定をもたらし、相手を尊重する心を持つサポートをしてくれます。６ブルーカルサイト：直感力、コミュニケーション力を高め、停滞した人間関係に好循環を促します。

Creativity and Work
創造性と仕事

生成AIなどテクノロジーの進化が著しい昨今。天然石のサポートで、単なる正解ではなく、周囲を巻き込むアイディアや提案など、人間ならではの創造性を爆発させましょう！

1フローライト：芸術的な才能や、創造性を促進し、理想の未来を叶える力を与えてくれます。2マラカイト：創造力や洞察力を深める石として知られています。天職に導かれたり、現状を打破する策がほしいときにもってこい。3セラフィナイト：鎮静効果から冷静さを取り戻し、判断力を高めます。創造性を発揮し、安定的な希望や展望をもたらします。4アベンチュリン：ストレスを緩和し、洞察力や創造力を呼び込みます。効率的な仕事への取組みができるように。5ブルーカルサイト：不安や憂うつな心を解消し、発想力、創造力を高め、ひらめきを促します。6クリソコラ：洗練されたアイディアや創造力をもたらし、ビジネスが軌道に乗るよう導きます。

7アズライト：直感力、洞察力が高まるとされ、インスピレーションをもたらします。頭脳労働の癒やしにも。8ラブラドライト：意識の変革を促す石といわれ、自分にぴったりの仕事・環境・人脈を引き寄せるパワーがあります。9ラベンダーアメジスト：平和と調和、精神的成長をサポートします。10ブルーフローライト：思考力・発想力を高めて天才的なアイディアをもたらすといわれます。11カーネリアン：積極性を高め、望む未来へ向かう勇気を授けます。12エメラルド：仕事、人間関係をはじめ、すべての運気が向上。

Health 健康

いつもイキイキはつらつとしていたいなら、体全体のエネルギーバランスを整え、生命力を高める天然石は生活に欠かせません。

これらの石は、すべてメノウです。健康長寿、子宝、病状回復のサポート、心身の強さを授ける力があります。健康を維持し、日々を快適に過ごす助けになるでしょう。天然石の染色を嫌う方もいますが、昨今のメノウは、染色することで美しさが増し、パワーも高まるといわれています。

Cleansing
浄化

「浄化」とは、簡単にいえば汚れをとってキレイにすること。スピリチュアル的にいうと、場所や心に溜まった邪気を祓い、よい流れをつくり出すことです。浄化のベースとなる石、水晶を効果的に使いましょう。

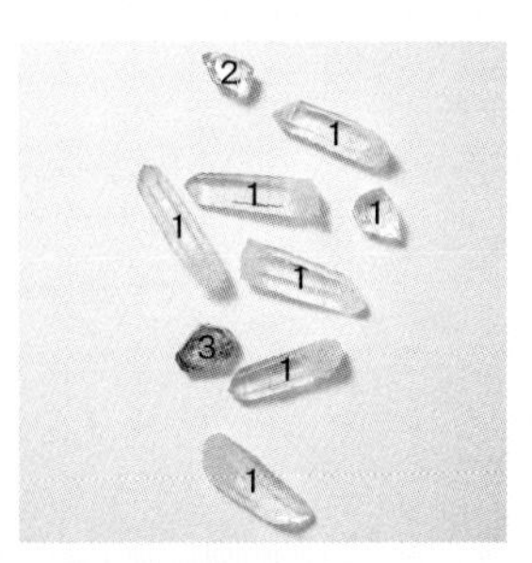

1水晶：水晶はすべてのものを浄化し、生命力を高めます。部屋の四隅に水晶を置けば、ネガティブなエネルギーから身を守る結界が張られ、部屋にあるすべてのものを清らかに浄めることができます。2シトリン：シトリンは中腹部の第3チャクラ（P93）を刺激し、エネルギーブロックをクリーニングする作用があります。3アメトリン：アメジストとシトリンが混ざり合った珍しい石。「光と影」など二元性を統合することで、心の浄化を図ります。

Amulet
魔よけ

天然石の中には古来、邪気祓いや魔よけの効果があると伝えられる石があります。霊的な悩みから、人間関係の妬みや恨みまで、身を守ってくれる石をおしゃれに生活に取り入れましょう。

1黒水晶／モリオン：魔よけ効果を持つ石の中でも最強の効果があると謳われます。漆黒の輝きがあらゆるネガティブなエネルギーを呑み込んでくれます。2ブラックルチルクオーツ：人生の壁や困難にぶつかり苦しんでいるとき、精神力を強化して壁を乗り越えるパワーを授けます。3スモーキークオーツ：他人からの悪念など、霊的、環境的なネガティブエネルギーをはねのけてくれます。4ブラックトルマリン：病魔や災いを祓い、運気の流れをよくします。

Chapter 5

天然石を身につける

ただ美しいだけではなく、
不思議な力を秘めている天然石。
肌に直接身につけると、
石のエネルギーが一段と吸収され、
幸運を呼び寄せるパワーも
高まるといわれています。
天然石のジュエリーを味方につけて、
あなたらしい美しさ、
眠れる才能を思いっきり輝かせましょう。

▶ウォーターメロントルマリン

天然石のジュエリー、いろいろ

天然石を暮らしに取り入れるもっとも簡単な方法の１つが身につけることです。天然石のジュエリーは、１つひとつの石の個体差が生む絶妙なニュアンスが魅力的。ときめきを身につけて、幸せを呼び込みましょう。

リング

リングのよさは、自分で何度も石を目にすること。視覚からもそのパワーの恩恵を得ることができます。それぞれの石の持つパワーの意味を意識することで、願望成就が加速するともいわれています。

《石の言葉》1モルガナイト：愛、優美　2イエローサファイア：知識、直感力　3ウォーターメロントルマリン：調和　4シトリン：繁栄　5ペリドット：活力、希望　6アメジスト：高貴　7ブルートパーズ：豊かさ、カリスマ性　8オパール：歓喜、幸運　9ガーネット：情熱、実り　10エメラルド：幸福、叡智を高める

ネックレス

天然石のネックレスは自己表現がうまくできるようになるといわれ、目的に合った石を選ぶことでその効果が高まります。邪気をはね返すお守りとしても有効です。

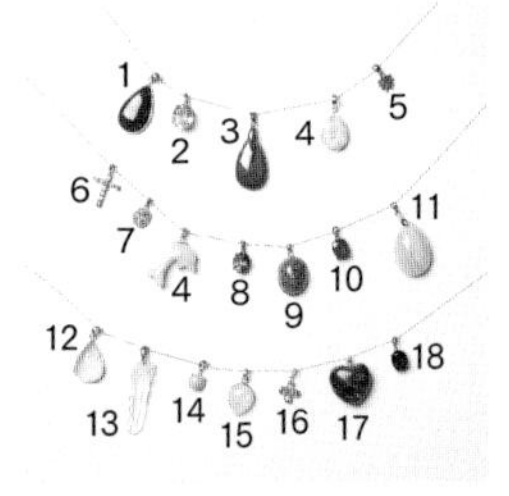

《石の言葉》1ラピスラズリ：第3の目を開く　2ブルートパーズ：豊かさ、カリスマ性　3マラカイト：魔よけ、健康　4ラリマー：愛、平和　5タンザナイト：成長　6ペリドット：活力、希望　7モルガナイト：愛、優美　8ピンクトパーズ：美、健やか　9チャロアイト：癒やし　10ルビー：勝利、情熱　11ブルーレースアゲート：健康、交遊関係　12ローズクオーツ：愛、美　13水晶：浄化、癒やし　14ターコイズ：成功、旅の安全　15ムーンストーン：結婚、妊娠　16ピンクサファイア：誠実、愛情　17セラフィナイト：平穏　18モルダバイト：富、成長

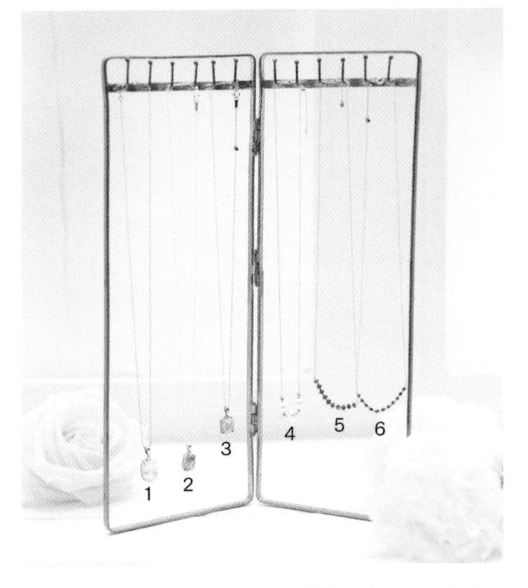

《石の言葉》1アクアマリン：幸福、癒やし　2タンザナイト：成長　3シトリン：繁栄　4真珠：富、長寿　5サファイア：知性　6ブラックダイヤモンド：永続的な愛、強さ

ブレスレット

手首につけるブレスレットは、仕事や家事の邪魔になりにくく、男性でも女性でも身につけやすいことがメリット。天然石のブレスレットというと玉の連なるデザインをイメージしがちですが、華奢なタイプを選べばさりげなくおしゃれ度もアップします。

《石の言葉》1ピンクサファイア：誠実、愛情　2エメラルド：幸福、叡智を高める　3.8タンザナイト：成長　4ルビー：勝利、情熱　5ペリドット：活力、希望　6ハーキマーダイヤモンド：夢、才能開花　7オパール：歓喜、幸運　9ブルートパーズ：豊かさ、カリスマ性　10シトリン：繁栄

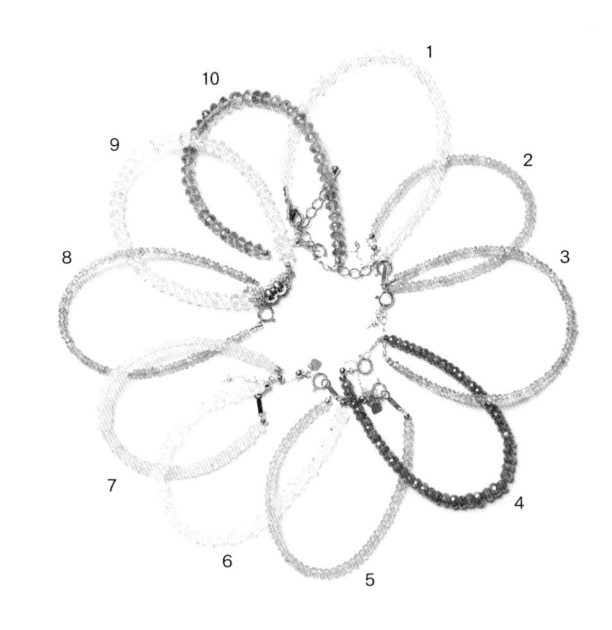

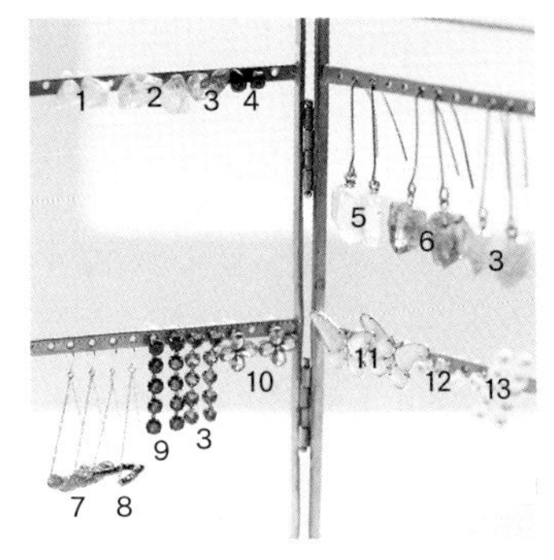

《石の言葉》1ローズクオーツ：愛、美　2アクアマリン：幸福、聡明　3シトリン：繁栄　4ガーネット：情熱、実り　5水晶：浄化、癒やし　6アメジスト：高貴　7タンザナイト：成長　8ブラックダイヤモンド：永続的な愛、強さ　9ルビー：勝利、情熱　10ピンクサファイア：誠実、愛情　11シェル：穏やかな時間　12ハーキマーダイヤモンド：夢、才能開花　13真珠：富、長寿

ピアス

ピアスやイヤリングとして天然石を身につけると、耳は脳に近いため、たくさんの情報の中から自分に必要なものを選び取り、頭の中でそれを生かすアイディアが生まれるといわれています。

天然石のジュエリー、身につけ方

天然石の神秘的なカラーリングと、石の持つパワーはいつの時代も人々の心を魅了し続けています。アクセサリーショップを覗くと、色とりどりにキラキラ輝く天然石がたくさんあって、「どれを選べばいいんだろう？」と迷ってしまう人もいるかもしれません。

天然石は、基本的にどのように持っても効果があるものです。オブジェとして部屋に飾っても、バッグに入れて持ち歩いてもかまいません。しかし、効果をより感じたいという人におすすめしたいのは、アクセサリーとして身につけることです。アクセサリーを肌の上に身につけることで、石の持つパワーをダイレクトに得やすくなります。

つい石のパワーの持つ意味が気になるかもしれませんが、洋服やバッグを選ぶように、パッとみて「かわいい」「素敵」と感じたものを選んでみましょう。
あなたの肌の色に似あう色の石、定番ファッションに似合う飽きのこないデザインのもの、重ねづけが楽しめたりコーディネートの幅が広がるもの…。
全体のバランスや統一感を意識すると、自ずとその石の魅力が輝き、石に宿るパワーも溢れ出てきます。

大ぶりな石のエネルギーは、
自分のエネルギーも引き上げてくれる

私は天然石の買い付けでしばしば海外を訪れます。日本人は繊細なつくりのアクセサリーを好むのに比べ、欧米人は老若男女問わず大きな石のついたネックレスや指輪を普段からよく身につけています。

日本では大きな石のついた大ぶりなアクセサリーは、「歳を重ねないとつけこなせない」「大きな石の指輪を若い人がつけても、おもちゃにしか見えない」といったりしますが、実際はそんなこともありません。

似合う石の大きさは、年齢というより、その人の扱えるエネルギー量、器の大きさと比例していると私は考えています。若く小柄な方でも内面が成熟していると大きな石が似合ったりもするのです。また、大きな石のパワーはやはり絶大で、そのエネルギーに自分が引き上げられるということも起こります。
海外の王族などは若い姫君たちも、正式な場ではボリュームある宝石やティアラを身につけます。彼らはそれ相応の身分にあり、宝石も代々受け継がれた伝統の一部だったりしますが、私たちも、結婚式やパーティなどめいっぱいおしゃれすることがお祝いにもなる場所に出かけるときは、ボリュームジュエリーを楽しめたら、石の楽しさ、豊かさをもっと味わえるでしょう。

リングのつけ方

私たちの手は、体の中でもとくに敏感で繊細な部分。さまざまな気をキャッチしています。左手の薬指は、結婚指輪をつける指として知られているように、リングをはめる指にはそれぞれに意味があります。天然石のリングをつける指によって、よいエネルギーを呼び込んで、マイナスのエネルギーを出しやすくする効果が期待できます。

左手：エネルギーの入口

- 直感力を高める
- 潜在能力の開花
- 霊力を高める

中指

直感力、秘めた才能を発揮する、コミュニケーション力を高める：ハーキマーダイヤモンド、アズライトなど

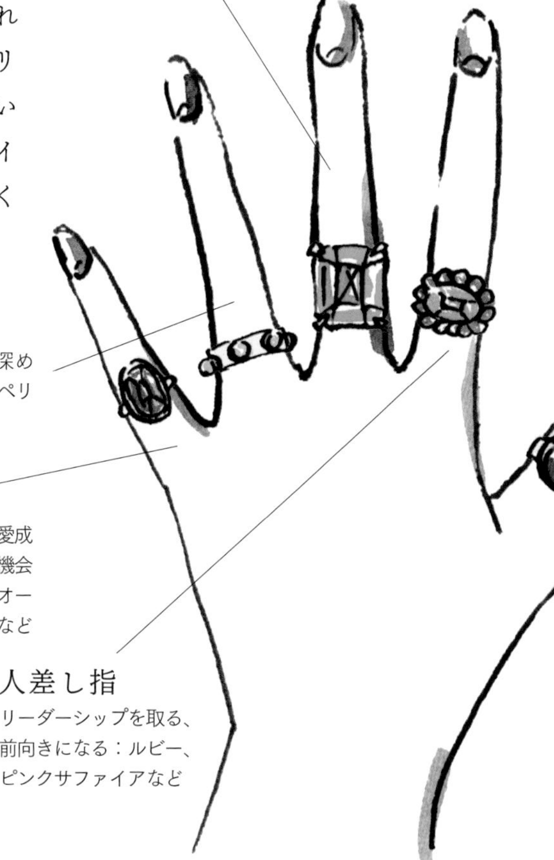

薬指

大事な人との絆を深める：ダイヤモンド、ペリドットなど

小指

感受性を高める、恋愛成就、新たな出会いの機会を増やす：ローズクオーツ、ムーンストーンなど

人差し指

リーダーシップを取る、前向きになる：ルビー、ピンクサファイアなど

右手：エネルギーの出口

- 現実的でパワフル
- 困難を乗り越える
- 夢を叶える

中指
パワーアップして仕事運、金運を高める：シトリン、タイガーアイなど

薬指
自分らしさを取り戻す、冷静になる：アメジスト、チャロアイトなど

人差し指
自立心を育む、判断力、行動力が出る：セラフィナイト、ラピスラズリ

親指
信念を貫き、成功を招く：ブラックダイヤモンド、イエローサファイアなど

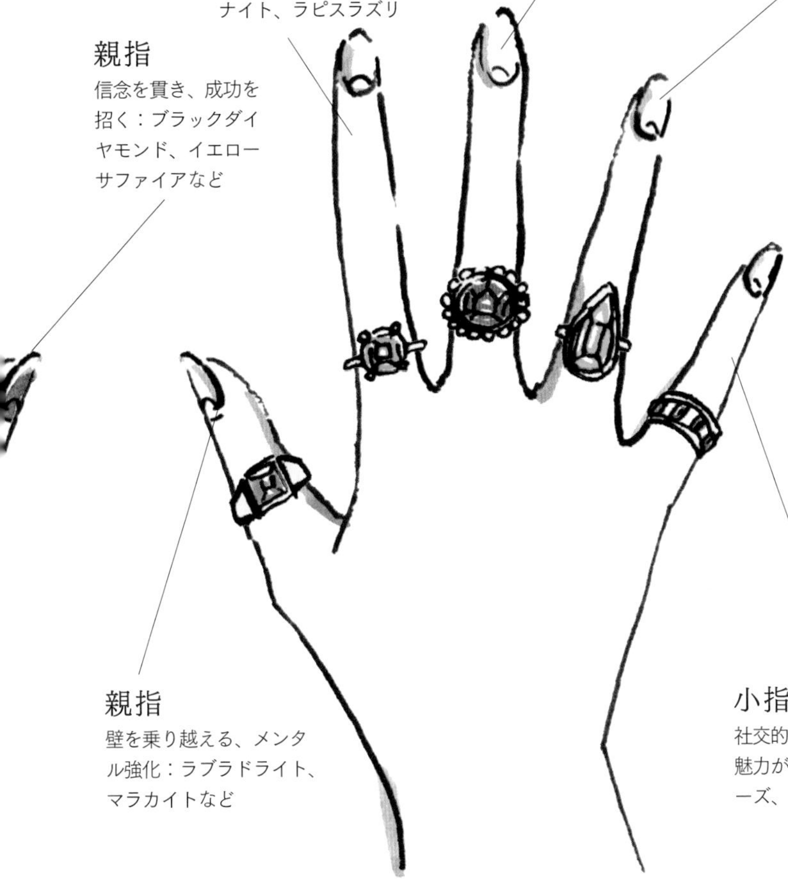

親指
壁を乗り越える、メンタル強化：ラブラドライト、マラカイトなど

小指
社交的になる、内面的な魅力が増す：ブルートパーズ、アクアマリンなど

ネックレスのつけ方

天然石を使ったネックレスというと、華奢な金属のチェーンに天然石を合わせるペンダントタイプや、天然石の小さいビーズを使った長いネックレス状のものなどが思い浮かびます。

気分次第でカラーやテクスチャーを組み合わせ、自分なりのコンビネーションを楽しむのはもちろんのこと、最近はいわゆるハイブランドも続々と天然石のコレクションを発表していて、上質な石を堪能する機会にも恵まれています。

天然石が添えられたネックレスを身につけるメリットは、体の中心に石がくるため、そのエネルギーをチャクラという体の中心線にある気の出入り口に沿って取り入れやすくなることです。長さの違うネックレスをつけると胸元が華やかになるうえ、複数のチャクラに働きかけることにもなり、あなたのエネルギーも高まるでしょう。

チャクラには対応するカラーがあります。そのカラーストーンを選ぶことで、チャクラを活性化して、エネルギーバランスを整えることができます。

第６チャクラ
「周囲を見通す」
直感力、インスピレーションを司る。悩み過ぎ、考え過ぎをやめる。　場所：眉間　カラー：藍色　石：ラピスラズリ、アズライトなど

第７チャクラ
「使命を生きる」
目に見えない世界の真理に気づくなど霊性を司る。人生に意欲的になる。　場所：頭頂部　カラー：紫　石：アメジスト、水晶など

第５チャクラ
「自分を表現する」
話したり、歌ったり、自分を表現することを司る。自分の気持ちをハッキリ伝える。　場所：喉　カラー：ブルー　石：アクアマリン、ターコイズなど

第４チャクラ
「心をオープンにする」
生命を尊び、愛し愛される力を司る。感謝の気持ちが湧く。　場所：心臓　カラー：グリーン　石：ヒスイ、ローズクオーツなど

第３チャクラ
「自分らしさの確立」
自分を愛して自己信頼を司る。自己肯定感が高まる。　場所：みぞおち　カラー：黄色　石：シトリン、ルチルクオーツなど

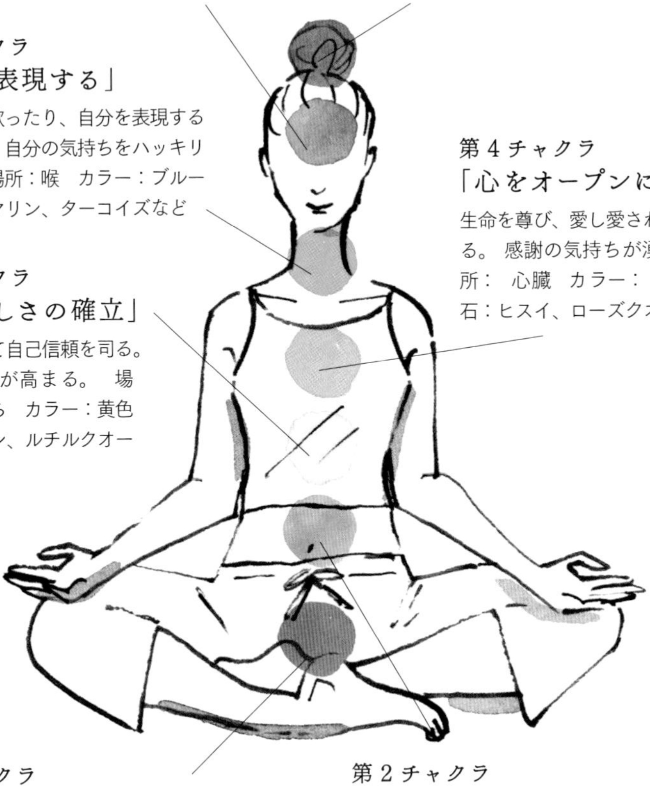

第１チャクラ
「心身両面のベースを整える」
しっかりと現実を生きるグラウンディング力を司る。不安感の払拭。　場所：骨盤の底　カラー：赤　石：カーネリアン、ガーネットなど

第２チャクラ
「心に活力を与える」
人生の楽しみなど感情を司る。決断力が出る。場所：丹田（へそ下９センチの辺り）カラー：オレンジ　石：サンストーン、オレンジムーンストーンなど

ブレスレットのつけ方

結論からいえば、ブレスレットは左右どちらの手首につけても、両方につけてもかまいません。自分がしっくりくる感覚を頼りに選ぶのがベストではありますが、石のパワーを効果的に得るためのつけ方もあります。

左右の腕が持つエネルギーに合わせてつける

じつは、人間の腕は左右でエネルギーの役目が異なります。
左手はパワーを受け取り吸収し、右手はパワーを放出する性質があると昔から考えられているのです。
仏像の多くは左の手の平を上に向け、右の手の平を前に向けています。それは、左手で宇宙からのパワーを受け取り、右手でそのパワーを人々に分け与えているからだといわれています。
たとえば、「元気がほしい」「前向きになりたい」というようなときは、左手首にブレスをつけるとエネルギーを受け取るパワーが向上します。
「物事に停滞感を覚える」「心身がおもだるい」と感じるようなときは、右手首にブレスをつけると、エネルギーをリセットする働きが加速するでしょう。

石の持つパワーに合うほうの腕につける

「脳の働きと願いごとのタイプが近いほうを選んでつける」という方法もあります。

左脳が右手を動かし、右脳が左手を動かすといわれますね。
つまり、右手首は、左脳につながっているので、現実的な物事を扱う願いごとを叶えたい場合に向いています。
たとえば、起業して成功したい、試験に合格したい、結婚したい、試合に勝ちたいなど、自分で積極的に行動して実力を発揮し、現実創造を成し遂げたいような場合、それをサポートしてくれる石のブレスを右手首につけるのです。

反対に、左手首は右脳につながっています。アイディアがほしい、潜在能力を高めたい、心身のヒーリングをしたいなど、自分の内面を整えたり、能力を活性化したいような場合、そのサポートをしてくれる石のブレスを左手首につけるとよいでしょう。

ピアスやイヤリングのつけ方

人は、他人からの意識の影響を、自分が思う以上に日々受けています。好意的な思いばかりを受けていればよいのですが、あいにくそうとは限りません。

顔にいちばん近い位置で輝くピアスやイヤリングは、人の視線をもっとも集めるアクセサリー。知らず知らずのうちに受けるねたみ、そねみ、ひがみといった邪気を、天然石がはねのけてくれます。

そもそも耳飾りのルーツは、邪悪なものから身を守るための「魔よけ」でした。鼻や耳など人間の体に開いている穴は、外界から魔物が入ってくる場所と考えていたのだそう。
耳元でゆらゆら揺れるタイプで、石の光が拡散されると、さらに魔よけ効果はアップします。

お守りとして天然石を身につける

装いを気にせず、天然石をお守り的に持ち歩いて、
いつでもパワーチャージしましょう。

幸運を呼び込む石を選んで

アクセサリー用の小さな巾着に入れて、お気に入りの石をいつもそばに置きましょう。カービングされた石をブラジャーの中に忍ばせるのもおすすめです。左胸の心臓に近い位置に入れておくと、ハートチャクラがエネルギーを吸収して、自己愛を高め、心のバランスを調整してくれます。

＊ラブラドライト（左）、カーネリアン（右上）、インカローズ（右下）

コインケースに入れて

金運に強い石は、コインケースに入れてお金と一緒に持ち歩くようにしましょう。「金は天下の回りもの」というように、いろいろな人を経由してあなたの元にやってきます。つまり、いろいろな人の”思い“も一緒に運んでくるのです。財布の石はそのマイナスエネルギーをプラスに変えて金運を強化します。石の輝きが曇ったり、濁りを感じたら浄化してあげましょう（P128、浄化方法）。

＊タイガーアイ

「ここぞ！」という緊張しやすいシーンの味方に

仕事で大役を任されたとき、受験やテスト、面接、習い事の発表会など、大事なシーンは緊張がつきものです。そのようなときは、実力発揮や精神安定をもたらす石にサポートしてもらいましょう。リラックスして不安な気持ちが和らぎます。

＊イエローカルサイト（中央の2つ）、シトリン（右）

誕生石を身につける

1月から12月までの各月には象徴的な宝石があてはめられていて、誕生石として親しまれています。自分が生まれた月の誕生石は守護石となり、身につけると願いが叶い、幸せが訪れるといわれています。

ガーネット

愛情や実りの意味を持ち、恋愛成就や成功へと導く石。
ガーネットは古い伝承で「誓いの石」と呼ばれていた宝石です。戦場に向かう恋人たちが、再会の誓いや絆の証としてガーネットを贈り合うという風習がありました。恋愛だけでなく、友情の絆を表すアイテムとして使われていたこともあります。
メッセージ：「情熱を持ち、他がやらぬことをやる」

2 February

アメジスト

精神的なストレスを緩和して、心を落ち着かせ、清めてくれる石。
古代エジプトでは、魔よけのアクセサリーとして使用されていました。高貴な美徳を示す宝石として、身につける人に気品を与えてくれます。かの有名なレオナルド・ダ・ヴィンチも愛したといわれています。
メッセージ：「愛と慈しみですべてを癒やす」

アクアマリン

すべての生命の源、母なる海のように人間関係に潤いをもたらし、人生を円満に導く石。
ラテン語の「海水」を語源とするアクアマリンは、その名の通り、光で照らされた海のきらめきと、透明感そのものの水色が美しい宝石です。清らかで柔らかな波動で癒やしを与えます。
メッセージ：「人生という航路を安全に導く」

4 *April*

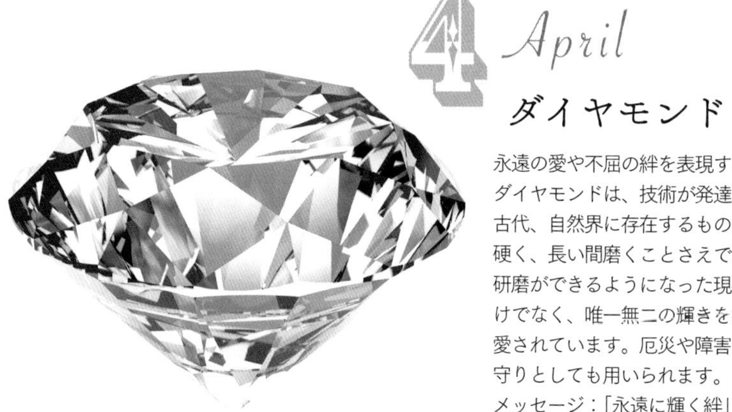

ダイヤモンド

永遠の愛や不屈の絆を表現する石。
ダイヤモンドは、技術が発達していなかった古代、自然界に存在するものの中でもっとも硬く、長い間磨くことさえできませんでした。研磨ができるようになった現在では、硬さだけでなく、唯一無二の輝きを持つ宝石として愛されています。厄災や障害を乗り越えるお守りとしても用いられます。
メッセージ：「永遠に輝く絆」

May

エメラルド

心に安らぎを与え、安定した愛を育むパワーがある石。
古代より愛されてきた、深みのある美しい緑色が特徴の宝石。かつては眼や神経を休める天然の精神安定剤と考えられていたことも。古代エジプト、プトレマイオス朝のファラオ、クレオパトラはエメラルドを愛し、自分の名を冠した鉱山を持つほどでした。
メッセージ：「自分を慈しみ、一歩を踏み出す」

ムーンストーン

優しい情熱を誘い、永遠の若さと希望をもたらす石。
オーロラのようなウェーブ模様と石の透明度の高さが美しさの決め手です。月の力を宿すとされ、月のサイクルによって情緒が乱れがちな女性に癒やしをもたらし、ホルモンバランスを整えるともいわれています。
メッセージ：「成長するための新しいスタート」

7 July

ルビー

身につける人がスムーズに成功に運ばれる石。
華やかな赤色から、情熱や生命の輝きを象徴する石として珍重され、「宝石の女王」と呼ばれています。「勝利を呼ぶ石」ともいわれ、困難を打破し、勝利へと導くパワーがあるとも信じられてきました。現在も、魔よけや護符として身につける人が多い宝石です。
メッセージ：「心奪われる、スターの輝き」

8 August

ペリドット

明るい希望の光で道を照らし、ネガティブなエネルギーを弾く石。
暗い場所でも明るい色を放つことから「太陽の石」と呼ばれるペリドット。太陽の季節にぴったりの誕生石です。黄緑のカラーが、安らぎや優しさを与える鎮静作用があると考えられています。強欲さを抑え、嫉妬や恨みもはねのける、ポジティブなパワーを授けてくれるでしょう。
メッセージ：「暗闇に光をともし、前進する」

September

サファイア

知性や理性を高めて、自信をもたらし、成功をサポートする石。
澄み切った空の向こうの宇宙まで連想させるブルーが神秘的なサファイア。じつは、ルビーと同じコランダムという非常に硬い鉱物で、真っ赤なものはルビー、それ以外はサファイアに分類されます。サファイアには目の病を治し、人々を悩みから救う力が宿るとされています。
メッセージ：「真実を見つめる」

オパール

さまざまな宝石のポジティブなエネルギーが集まった石。
その名前は、「色の変化を見る」という意味のギリシア語「オパリオス」に由来します。表面に虹色の模様がゆらめく遊色効果が最大の魅力です。他の宝石とは違い水分を含んでいることから、“みずみずしさ”や“アンチエイジング”の象徴ともいわれます。
メッセージ：「眠れる才能を開花する」

October

November

シトリン

太陽のようなはつらつとしたエネルギーを与え、実りある人生をもたらす石。
美しく輝く黄色が黄金の金貨を連想させることから、金運アップの石として知られています。じつはアメジストと兄弟石で、アメジストに人工的に熱を加えると黄色に発色し、シトリンとして使われることも。天然のシトリンは産出量が少なく、とても貴重です。
メッセージ：「万物を豊かに繁栄させる」

ラピスラズリ

古い価値観から抜け出し、深い叡智とつながり、精神性を高める石。
古くから「天空を象徴する聖なる石」として神聖視されてきたラピスラズリ。藍色に浮かぶ白や金色の模様が、美しい夜空や地球を思わせ、神秘的で崇高です。和名を「瑠璃（るり）」と呼び、珊瑚や真珠と同じように日本人に愛されてきた石でもあります。
メッセージ：「ひらめきに従う」

December

12

天然石同士の相性について

ブレスレットに使う天然石の組み合わせや、家に飾る天然石を買い求める際に、天然石同士の相性について、よくご質問を受けます。

私は基本的に、「相性が悪い石はない」と考えています。あなたのフィーリングで選んだ石の組み合わせが、あなたにとっていちばんの相乗効果をもたらす。それは間違いありません。

結果的にも、自分がほしいと思う石の組み合わせを選んだほうが、そのときのエネルギーと調和して運気が好転しやすいように見受けます。

しいていえば、複数の石を飾ったり、身につけるときは、インテリアやファッションを含めた全体の統一感を考えてみると、よりエネルギーの流れはよくなります。

たとえば、真っ黒のリクルートスーツに恋愛運を高める淡いピンクの石のアクセサリーはどこか不釣り合いです。せめてメイクや髪型を柔らかくソフトな印象にしてみるなど、石を含めた全体のトータルバランスを重視してみると、ほしい運気を素早く呼び込むことができるでしょう。

また、「私はとにかく恋愛運を高めたいんです！」と口ではいっても、「これ、とってもステキ！」と手を伸ばす石は恋愛運とは関係ない仕事運を高める石ばかりというようなケースはよくあります。

確かに、頭では「恋愛運がほしい」「早く結婚したい」と思っているかもしれないけれど、自分の深い部分、潜在意識は本当に今あなたに必要な運気を知っています。だから、別の石に惹かれるのです。

ただ、人生は一度きりです。石にはあなたの願いをサポートしてくれる力があるのですから、「恋愛運を高めて結婚したい」という願いがあるなら、そのパワーを持つ石を意識的に使ったらいいとも、私は思っています。

恋愛運の石といえば、ローズクオーツやインカローズといったピンクの石です。恋愛運が枯渇している人がそれらの石を持つと、最初は違和感を覚えたり、しっくりこなかったりするかもしれません。でも、不思議なことにしばらく一緒に過ごしていると、そのエネルギーにちゃんと馴染んで、似合うようになってきます。私たちは、自分がほしいと思うエネルギーの石を意識的に持つことで、それにちゃんと順応し願いを叶えることができるのです。

Chapter 6

鉱物図鑑

天然石は、どんな場所で、
どんなふうに育まれているのか。
手に入りやすい石や、
近年注目されている石を中心に、
その不思議を紐解(ひもと)きます。
それぞれの天然石が持つ、
美しく奥深いストーリーを
楽しんでください。

▶ベラクレスアメジスト

インカローズ

Incarose

インカローズの鉱物名は別名「ロードクロサイト」と呼ばれ、マンガン系の代表的な鉱物です。アルゼンチンのサン・ルイス州に、13世紀頃、インカ帝国の人びとによって採掘された世界最古の鉱山があります。そこから産出したこの石をカボションカットにすると表面に花模様が現れたことから、「インカの薔薇（インカローズ)」と名づけられ親しまれています。本来がピンク色の石で、不純物の混ざり具合で色が変わり、質がよいものほど赤みが強く、宝飾として珍重されます。

水晶

Quartz, Rock Crystal

透明度の高い結晶が美しく、多くの人にとって天然石の存在を知るきっかけとなる石。古代ギリシア人は、雪に覆われた氷の中から顔を出した水晶を見て、氷が石に変わったような感覚から、「ロッククリスタル（Rock Crystal)」と名づけました。水晶は、二酸化ケイ素が結晶化したものですが、日本では、とくに透明度の高いものをクリスタル、低いものをクオーツ（石英）と呼ぶ傾向があります。アメジストやシトリンは、水晶の色変種です。

アメジスト

Amethyst

アメジストは、和名「紫水晶」と呼ばれ、水晶の色変種の中で、最高位と評される石。この石の特徴的な紫色は、微量の鉄イオンによって発色します。世界初の中国の薬学書『神農本草経（しんのうほんぞうきょう）』には、「アメジストを粉末にして飲むと不老長寿の効果がある」と書かれていて、鉄成分が人体の新陳代謝に影響したものと考えられています。なお、アメトリンという石は、アメジストとシトリンを組み合わせた名前がついていますが、鉄成分の状態の違いで２色に分かれます。

パイライト水晶共生クラスター

Pyrite with Quartz

パイライトと水晶クラスターが共生した、珍しいクラスターです。水晶は、さまざまな鉱物と共生します。それは水晶が世界の広範囲に分布し、冷却や加熱などによって結晶化する条件も幅広いため、いろいろな鉱物を取り込みやすいからです。１つひとつが個性的な表情を持ち、鉱物ファンから人気を集めています。

パイライト

Pyrite

メタリックな輝きが印象的なパイライトは、火山活動の活発な場所で形成されやすい石。冷めた黄金色から真鍮色の色調を持つため、しばしばゴールド（黄金）と間違われました。そのため、「Fool's Gold（愚か者の金）」という俗称でも呼ばれます。金よりはるかに硬い鉱物で、古代は火打石として使われていました。鉄分が多いため、湿気の多い場所に放置すると、錆びる場合があるので注意しましょう。なお、マーカサイトという石とは同質異像の関係です。

セレスタイト

Celestite

「天青石（てんせいせき）」とも呼ばれるセレスタイトは、イタリアのシチリア島で発見され、黄色の硫黄の上に乗った鮮やかなブルーの結晶があまりにも見事だったためドイツの鉱物学者が「大空の色（セレスチアル）」にちなんで名づけました。石灰岩、苦灰岩、砂岩などの堆積岩中に生成する他、海水中から形成された蒸発岩中などにも産出します。ジオード（晶洞）の中に各柱状の結晶が群生するマダガスカル産がもっとも良質とされています。

アズライト

Azurite

濃い群青色が特徴的で、洋の東西を問わず、絵の具（顔料）として用いられた歴史があります。アズライトは、銅の酸化帯の上部に二次的に生じる鉱物ですが、年月を経ると化学変化を起こしマラカイト（P112）に変化します。つまり、アズライトは、マラカイトに比べ安定性が低く、希少な鉱物なのです。双方が共存する石は、「アズロマラカイト」「アジュールマラカイト」などと呼ばれます。

ソーダライト

Sodalite

ソーダライトという名は、「ナトリウム（Soda）を含む岩石（lithos)」という意味からつけられました。古代では、青い石と赤い石は、ともに「魔よけの力がある」と考えられていて、ソーダライトも紀元前からその目的で使われていた石です。ラピスラズリ（P113）に似ていますが、ソーダライトのほうが黒味がかり、パイライトの金銀の点在がないのが特徴。近年カナダで大規模な鉱山が発見され、宝石として重用されるようになり、「プリンセス・ブルー」の愛称で呼ばれることも。

ブルーカルセドニー

Blue Chalcedony

カルセドニーは、古代において、石器や印章をつくる素材に用いられてきました。当時、ギリシアのカルセドン（Chalcedon）が、もっとも良質な原石の産出地であったことにちなんで、名づけられています。メノウ（P116）と同じ性質ですが、縞模様が目に見えないものをカルセドニーと呼びます。色別で変種名がついているものがあり、爽やかな青色をしたものはブルーカルセドニー、真っ赤なものはカーネリアン（P121）です。

マラカイト

Malachite

マラカイトの鮮やかなグリーンと模様は、古来人びとを魅了し、日本では「孔雀石」と呼ばれ、愛されてきました。原石の層の状態により、カットした方向で縞模様となったり、渦巻き状となったり、色の濃淡が出たりと、さまざまな表情を持つのが魅力。日本では、「岩緑青（いわろくしょう）」という岩絵の具の貴重な材料として用いられていたことも。ヨーロッパでは、渦巻きの円紋を持つこの石をゆりかごに結びつけ、赤ちゃんの護符としても使われていました。

アクアマリン

Aquamarine

アクアマリンは、ヨーロッパでは古代から特別人気がある石で、ギリシア神話にも「海の妖精の宝物」として登場します。柱の形で大きくなるベリル属の鉱石で、水色は微量な鉄元素がもたらします。鮮明な水色で明るくテリがよいものが良質とされ、ブラジル産がとくに有名。それにパキスタン、アフガニスタンが続きます。日本でも少量ながら良質な石が発見されています。

ラピスラズリ

Lapis Lazuli

ラピスラズリは、深い夜空を思わせるブルーに、星のごとく金銀が点在する神秘的な石。その類を見ない美しくふしぎな組み合わせから古代では護符として使われていました。複数の鉱物が混合した岩石に見えますが、正確には青色の鉱物の集合体です。ラズライト、アウィン、ソーダライト（P111）、ノゼアンから構成されています。ラズライトの量が多いほど、ブルーが鮮やかになります。

フローライト

Fluorite

和名で「蛍石」と呼ばれるフローライト。その名は、フローライトのかけらを火にくべると、光が弾け飛び蛍の光のように見える性質に由来します。英名はこの鉱物が、溶鉱炉の溶剤として使われていたことから、ラテン語の「流れる（fluere）」にちなみ命名されたものです。さまざまな色を持ち、そのカラーバリエーションは天然石の中でもトップクラス。緑や紫が多いですが、ピンク、褐色、水色、白もあります。その豊富なカラーは、わずかな希土類元素が加わることで生み出される特異な現象です。

クンツァイト

Kunzite

クンツァイトは、その優れた透明度と魅力的な色合いから人気のある石です。スポジュミンやリシア輝石と同じグループに属します。スポジュミンは産地によって異なる色を持つことで知られており、ピンク色のものがクンツァイトと呼ばれています。たとえば、アフガニスタン産のスポジュミンは藤紫色の結晶で、日光を浴びることで時間とともに美しいピンク色に変化します。しかし、同じスポジュミンであってもブラジル産のものはこのような変化をしません。

アマゾナイト

Amazonite

アマゾナイトは、一般的に「ブラジルのアマゾン川から産出された」という説明から名づけられましたが、実際にはその川の領域からは発見されていません。宝石学的には、アマゾナイトはマイクロクラインという種類の長石で、青緑色の基本色に白い不連続の縞模様を持つ石として定義されています。この美しい石は主にロシアのウラル山脈で産出され、宝石や装飾品として非常に価値があります。ただし、アマゾナイトは比較的デリケートで、熱や衝撃に弱いため、取り扱いには注意が必要です。

メノウ

Agate

硬くて緻密なメノウは、太古の時代には、世界中で石器の材料として、ギリシア時代になると、カメオや印章の材料として使われました。当時、シチリア島のAcate（アカーテ） という川のほとりで上質な石が採れたことにあやかり、「アゲート」と呼ばれるように。石英（クオーツ）の仲間であり、成分上は水晶と同じです。岩の空洞や割れ目に入り込んだ地下水から形成されます。水に溶け込んだシリカがゼリーのように固まって、多彩な縞模様を生み出します。

ローズクオーツ

Rose Quartz

淡く優し気なピンク色を持つローズクオーツ。ギリシア神話の愛と美の女神、アフロディーテに捧げられた石というのもうなずける繊細な雰囲気が魅力です。その特有なピンク色は、形成される過程で、チタンの他、複数の元素が取り込まれ、自然の放射線等を浴びることで生まれます。まれにチタンがルチル（金紅石）となって組織の中に無数に現れると、貴重なスターローズクオーツになります。強い光を当てると、星状の輝きを確認できます。

ブラック
トルマリン

Black Tourmaline

トルマリンは、外部からの力や熱が加わると電気を帯びる性質を持つことで知られ、この特性から「エレクトリックストーン」という別名でも呼ばれています。日本では、多量の鉄を含むことからも「鉄電気石」と名づけられています。結晶の両端で形状が異なる「異極像（いきょくぞう）」の形をとることで知られ、あらゆる鉱物の中でも複雑な形成をしています。ブラックトルマリンは、「ショール（Schorl）」という宝石名が使われることも多い石です。

デザートローズ

Desert Rose

世界中の砂漠から発見されるバラの形をした石。デザートローズには、大きく2つの種類があります。1つはセレナイトローズ。もう1つは、バライトローズです。砂でできた薔薇のような形状は、ジプサム（石膏の一種）やバライト（重晶石といわれバリウムが主成分）の水分が砂漠などで長い年月をかけて干上がり、その蒸発岩の中に、薄い板状の結晶が形成され、その場所の砂をまとって褐色になります。産出される場所によって色合いは変わります。

アンバー

Amber

和名「琥珀」として知られるアンバーは、樹脂を含む木と一緒に地層に埋もれ、長い時間をかけて硬化した化石です。後に、地層が崩れると、海に流れ出ることもあります。とくに、バルト海沿岸で採掘される琥珀は「バルチックアンバー」として有名です。ロシアやバルト海沿岸の国々では、アンバーの加工技術が発展しており、透明度を向上させたり、色を濃くしたりするために加熱処理が行われています。アンバーの加工は、透明度や色合いを調整し、美しい宝石や装飾品を作り出すための工程です。この写真のアンバーはナチュラルなもので、自然の美しさを純粋に楽しむことができます。

アポフィライト

Apophyllite

欧米では「フィッシュアイストーン（Fish-eye stone）」と親しまれており、その名前は石の表面が魚の目のようにキラキラ反射することから名付けられました。和名の「魚眼石」も同様の由来を持ちます。この石は無色、白、帯灰色、淡黄色、緑など、多くの色が存在し、緑色のバリエーションは鉄分によって現れ、鉄分が多いほど色が濃くなります。インドは、アポフィライトの主要な産地であり、希少な大きな結晶が採掘されています。ただし、アポフィライトは特定の方向に比較的簡単に割れてしまう性質を持っているため、取り扱いには注意が必要です。

ルチルクオーツ

Rutile Quartz

ルチルクオーツは、金色に輝く二酸化チタンの結晶である「ルチル」を含む水晶の一種です。別名として「金線水晶」や「針入り水晶」などがあります。他の鉱物を含む水晶は多く存在しますが、ルチルクオーツは、その強烈な黄金の輝きで長い間親しまれてきた宝石です。水晶内には、直線状と湾曲した２つの異なる形状のルチルが存在し、前者は「キューピッドの矢（Cupid's darts）」、後者は「ヴィーナスヘア（Venus hair）」と呼ばれています。

スモーキー
クオーツ

Smoky Quartz

スモーキークオーツは、美しい茶色から黒褐色の水晶で、元々は「ケアンゴーム(Cairngorm)」として知られていました。スコットランドのケアンゴーム山脈から多く産出し、愛されてきたからです。明るいバリエーションは「スモーキークオーツ」、真っ黒で透明度が低いものは「モリオン」として識別されています。高品質のスモーキークオーツは希少で、市場では無色の水晶にガンマ線照射で着色された人工的なものが一般的です。

カイヤナイト

Kyanite

「藍色の結晶」という和名を持つ、独特なブルーが美しい石。その青色は、鉄とチタンによるもので、サファイアのブルーと同じ成分になりますが、比較的硬質なサファイアと違って、結晶の方向で極端に硬さが異なる性質があり、カットが困難。原石のまま愛でるのに適した石です。ブルーの色は柱に平行に形成され、結晶の中心にいくほど濃くなり、反対に端にいくほど薄くなるという特徴があります。

カーネリアン

Carnelian

カーネリアンは、性質上メノウ（P116）と同じですが、メノウの縞模様が目に見えないものをカルセドニー（P112）と呼び、その中でも赤いものをカーネリアンと称しています。カーネリアンはインダス文明の重要な工芸品であり、古くから芸術品として高く評価されていました。この石は、インダス文明の遺跡からのみならず、輸出されたものがエジプト文明やメソポタミア文明の王家の墓からも出土しています。

タイガーアイ

Tiger Eye

タイガーアイは、繊維状の結晶であるクロシドライト(青石綿)に石英(クオーツ)がしみ込み、熱などの作用が加わって黄褐色に発色した鉱物です。日本では、その模様から「虎目石」などと呼ばれます。宝石用に使える品質のものは、鉄砂石の層の中で、中温中圧の作用によって形成されたものが多く、南アフリカやオーストラリア産が有名です。30億年以上も昔の、先カンブリア時代の分厚い鉄鉱層の岩石中から採掘されます。

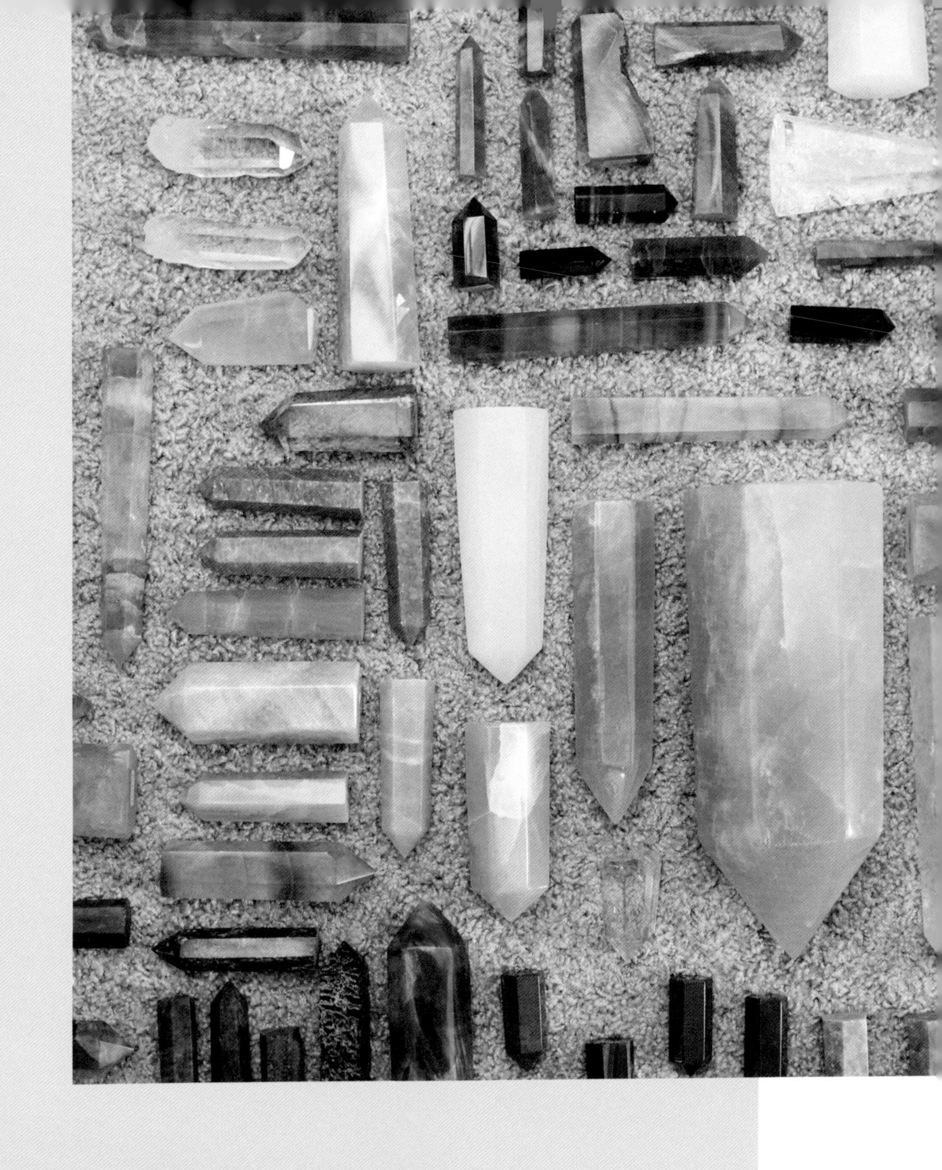

＊石の名前はP139をご覧ください。

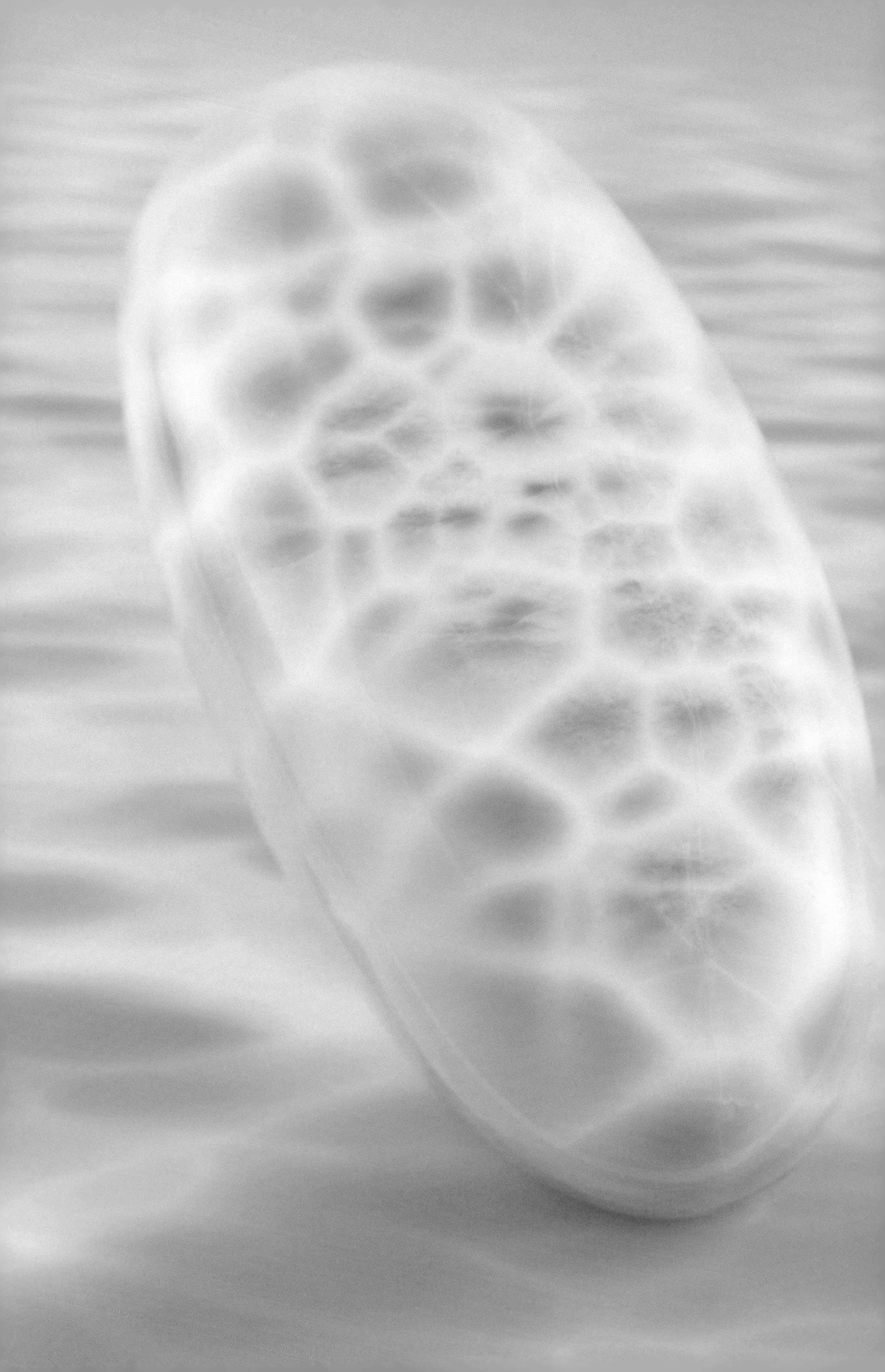

Chapter 7

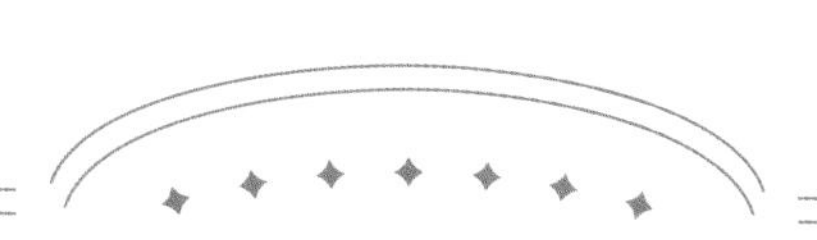

押さえておきたい天然石の扱い方

お気に入りの天然石を手に入れたら、
いつまでも大事にしたいもの。
天然石に寿命はありませんが、
扱い方次第で輝きや
パワーは変わってきます。
天然石の浄化法やお手入れの仕方を
中心にお伝えしましょう。

▶ラリマー

天然石の歴史

天然石の起源は、約46億年前の地球誕生の頃までさかのぼります。ただ、古代の人たちには、私たちと同様の「天然石」という認識はなかったでしょう。そもそも人工物がない時代だったのですから。ただ、輝きや色、模様を持つ石は珍しかったため、自然に「特別なもの」として扱われ始めたようです。

とくに、天然石を使ったアクセサリーの歴史は、人間の歴史とほぼ同じくらい古くからあります。世界最古の文明といわれる古代メソポタミア文明の遺跡から、ラピスラズリやカーネリアンを使った装飾品が発掘されているのです。古代エジプトのツタンカーメン王の黄金のマスクにもラピスラズリは用いられています。

もっともポピュラーな天然石である水晶も、「聖なる石」として古代から世界中で崇められてきました。水晶は「神がつくった溶けない氷」といわれ、特殊なパワーを秘めていると信じられていました。

何千年も前から人類と深いつながりがある天然石。
一部の石は、産地が限られ、流通しなくなるものもあるでしょう。
しかし、たくさんの石が今後も何千年、何万年と私たちを魅了し続けてほしいと願ってやみません。

天然石の「貴石」と「半貴石」の違い

ファッション誌などの宝石特集を見ていると、貴石、半貴石という言葉を時折見かけます。
どんな宝石が「貴石」で、どんな宝石が「半貴石」なのか。
じつは、国際基準の絶対的な基準や区別はありません。一般的にモース硬度という主に鉱物の硬さをあらわす指標があり、１から10の尺度に当てはめて７以上が貴石と呼ばれていたりします。たとえば、ダイヤモンド、ルビー、サファイア、エメラルドなどは貴石といわれます。大ざっぱな表現ですが、貴石は、「宝石」と聞いたときにみんなが思い浮かべるような高値で希少価値が高く、美しい石が多いのは確かです。

ただ、「半貴石＝さほど価値がない、美しさが劣る」というわけでは決してありません。反対に、「貴石」は必ずしも輝きや価値が保証されているとも限りません。
貴石や半貴石というのは、あくまでも大まかな目安です。
貴石と半貴石を区別しがちですが、本質的な部分でいうと私は同じように感じています。
なるべくたくさんの天然石をご覧になって、自身の中に芽生える惹かれる思い、美しいなと感じる心を大切に選んでみてください。

天然石の浄化方法

天然石は持ち主のエネルギーに共鳴する作用があります。場合によっては、不安や怒りなど、マイナスエネルギーを溜め込んでしまうことも。それを放っておくと、石本来が持っているエネルギーが弱まって、輝きが失われることもあります。ときどき浄化をして、エネルギーを整えてあげましょう。

1 ホワイトセージ

ネイティブ・アメリカンの人々がお祈りや浄化に使用しているものが、ホワイトセージです。ホワイトセージに火をつけ、火を消した後、その煙で浄化します。
石を浄化するだけでなく、自分自身や部屋の浄化も行えます。

＊石はアクアマリン

2 水晶

水晶（クラスターやさざれ）の上に石を置くことでも、浄化することができます。石同士が共鳴し合うので、エネルギーの相乗効果でパワーアップの効果も。
浄化用の水晶も、月に１度は水洗いや、日光浴をしてエネルギーチャージをしてください。

3 ヒマラヤ岩塩

ヒマラヤ岩塩は約４億年前の天然塩です。
海水があった場所にヒマラヤ山脈ができたことで、海水が閉じ込められた結果、長い月日をかけて生まれました。
塩の上に石を置いて浄化したり、盛り塩代わりに部屋の浄化をすることもでさます。
塩に弱い石や金属には、注意してください。
塩は固まったり溶けたりするので、最低１か月に１度は、お取り換えください。

音叉（おんさ）

私はよく、ヒマラヤ産の特別な水晶を音叉で打って、部屋と石たちをまとめて音色で浄化します。4096ヘルツの高音で、天界に一番近いといわれる音色です。
石の種類も選ばず、どんなときでも数秒でできる浄化方法です。
オーラを強くしたい方、人から気を受けやすい方にはとくにおすすめです。

天然石を大切に扱おう

天然石はそもそも地中深く眠っていたもの。暗い場所を好みます。また、石とはいえ、衝撃に弱く、欠けやすい石もあります。あまり神経質になる必要はありませんが、大切に扱う気持ちが何より大切です。

日光に弱い石について

日光の紫外線が原因で退色しやすい石があります。アクセサリーなどで、つけて出かけるくらいは問題ではありませんが、強い日差しが照り続ける窓辺などに長時間置きっぱなしにすのは避けましょう。一部を挙げておきますが、不安なときは購入されたショップに訊ねてみましょう。

○水晶は比較的、日光に強い石です。
×アイオライト、アクアマリン、アメジスト、アメトリン、アンバー、インカローズ、エメラルド、オパール、オニキス、カーネリアン、クンツァイト、ムーンストーン、シトリン、セラフィナイト、ブルートパーズ、フローライト、マラカイト、モルガナイト、ラピスラズリ、ラブラドライト、ルビー、レモンクオーツ、ローズクオーツ、ロードナイトなど

水に弱い石について

水に弱く、水分が沁み込んで色が変わったり、破損してしまう石があります。
水に触れたり、汗がついたりした場合はきちんとふき取るようにしましょう。市販のアクセサリーについている石の多くは、含浸処理という耐久性、透明感、光沢などを上げるための処理が施されていますが、ショップに確認しておくと安心です。一部を挙げておきますが、不安なときは購入されたショップに訊ねてみましょう。

○水晶（クオーツ）系は、比較的水には強いです。
×アズライト、インカローズ、カルサイト、クリソコラ、クンツァイト、セラフィナイト、ターコイズ、パイライト、フローライト、ラピスラズリ、ラブラドライト、ラリマー、ロードナイト、真珠など

天然石とのお別れ

自分がお別れを決めてOK

天然石には、基本的に寿命がありません。一生持っていても問題はありませんが、それゆえお別れのタイミングに悩んでしまうこともあるかもしれません。
しかし、難しく考える必要はありません。天然石は目に見えない不思議なパワーを持っています。向き合い方としては、あなたの気持ちが重要です。自分が「もう合わないかな」「違うかな」と思ったときがお別れのときといえます。自分の直感に従って。

お別れの考え方

たとえば、石に願いを込めていたとき、それが叶ったタイミングで手放す方は、比較的多くいらっしゃいます。ただ、願いが叶ったからといって必ずお別れしなくてはいけないものでもありません。お守りのようにずっと持っていてもかまいません。
ふと他の天然石がほしくなったり、なんとなく違和感を覚えたりしたときは、手放すまではいかなくとも、目に入りにくい場所に移動して、しばらくお休みしてもらうとよいでしょう。
また、誕生日や年末年始など、節目に石を買い換えると、気持ちも切り替えやすくなり、おすすめです。

丁寧に処分しましょう

処分の方法として、いちばん多いのは不燃ごみとして出す方法です。お住まいの地域によって石の分別方法は違いますので、担当部署へお訊ねください。石は自然のものとはいえ、自然に返すと大きな石などは不法投棄とみなされることもあります。
また、お焚き上げなどの供養をしてくださる寺社や、引き取ってくださるパワーストーン専門店などもあるようです。いまは、メルカリなどのフリマアプリを通して次に必要とされる方へ届ける方もいらっしゃるでしょう。
いずれにしても、お別れを決めて、手放すときは、石に感謝の気持ちを伝える最後のタイミング。その方法として、粗塩をふって手放す方法がおすすめです。自分なりに真心を込めて感謝を伝えてから処分しましょう。

Column

天然石を巡る旅

私は、素敵な天然石との出会いを求めて、世界中を旅しています。
世界各国で開催されるミネラルショーは鉱物好きな方は必見です。
ミネラルショーとは、天然石、鉱物、ジュエリー、隕石、副資材などを扱う業者や個人、団体が介する販売イベントです。
とくに、「ツーソン」（アメリカ）、「サンマリー」（フランス）、「ミュンヘン」（ドイツ）の3か所で行われるショーは、世界3大ミネラルショーとして知られています。

この本でご紹介した天然石は、ツーソンジェム＆ミネラルショーで買い付けたものがたくさんあります。4000組以上のベンダーが出店し、15万人以上の来場者がある世界最大のショーだけあって集まる石の数、質、希少性を含め、売る側も買う側も熱意がハンパありません！　アメリカの開放的な青空の下で楽しめるところも、気に入っています。

私は買い付けをする前に、「今回はいろんな色のカルサイトがほしいなあ」と漠然と考えることはありますが、買い物リストをつくって片っ端から買うようなやり方はしたことがありません。会場をふらふらと回って、いつも直感で決めています。

石のほうから「しずくさん、こっちー！」とキラキラ輝きを放つ石がいて、呼ばれることもしばしばです。「あやしい」と思われるかもしれませんが、そういう石を手にすると、大体、長年のお客様の顔がパッと浮かびます。私の中で「なるほど、〇〇さんに必要な石なのね」と一致して、日本に持ち帰ると、そのお話をわざわざしなくても、その方がサロンにいらしたときに、その石を新しくお宅に迎えてくださることが多かったりします。

毎日たくさんの石に囲まれて暮らし、ショーなどでもたくさんの石と出会いますが、すべての石は採れる量に限りがあることを思うと、よけいに愛おしさがつのります。
これからも石との暮らしを大切に、必要としている人、大切にしてくださる人の元へ届けたいと真摯に思うのです。

note:石の名前（本文に記載したページを除く）

P2-3

P4-5

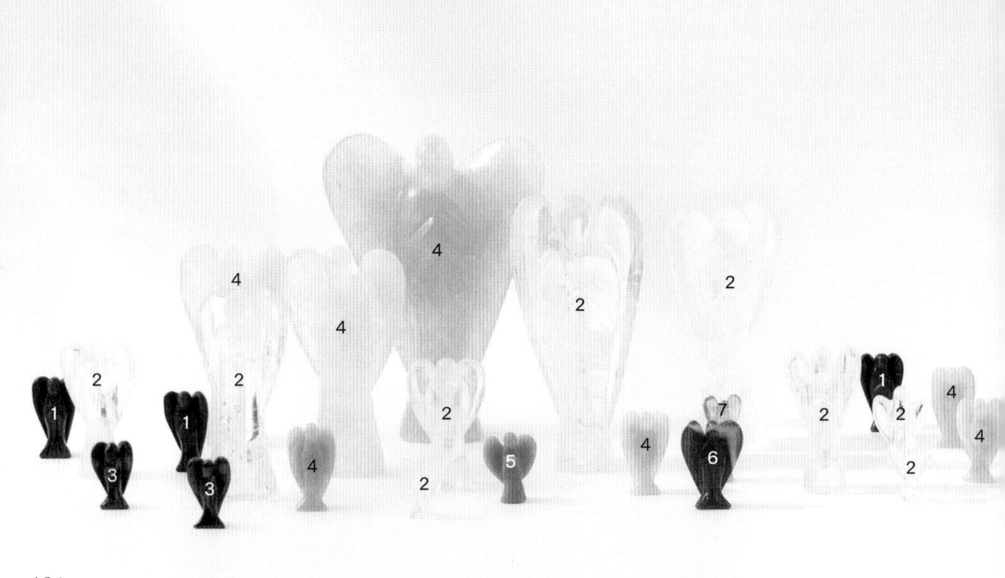

P2-3の石の名前

1 フローライト
2 水晶
3 シトリン
4 ローズクオーツ
5 ラピスラズリ

P4-5の石の名前

1 ラピスラズリ
2 水晶
3 タイガーアイ
4 ローズクオーツ
5 エンジェライト
6 カーネリアン
7 ラベンダーアメジスト

P12-13の石の名前

1 スモーキークオーツ
2 ローズクオーツ
3 フローライト
4 水晶
5 グリーンフローライト
6 マラカイト
7 アメジスト
8 パープルフローライト
9 ラピスラズリ
10 イエローカルサイト
11 イットリウムフローライト
12 ピンクカルサイト
13 黒水晶（モリオン）
14 シトリン
15 ブルーカルサイト
16 ゴールデンカルサイト
17 オレンジカルサイト
18 イエローフローライト
19 アパタイト
20 オニキス
21 アズライト
22 サンストーン
23 タイガーアイ
24 カーネリアン
25 レッドジャスパー

P24の石の名前

1 アメジスト
2 アクアマリン
3 ローズクオーツ
4 フローライト
5 ラベンダーアメジスト
6 シトリン
7 ゴールデンカルサイト
8 水晶
9 インカローズ
10 オレンジカルサイト
11 ラピスラズリ

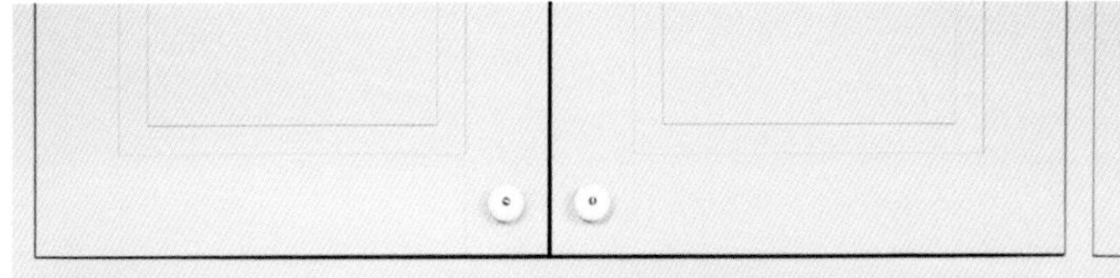

P25の石の名前

1 パイライト
2 イエローカルサイト
3 ファスファシデライト
4 ローズクォーツ
5 ソーダライト
6 フローライト
7 セレスタイト
8 パープルフローライト
9 水晶
10 ガラス

P27（下）の石の名前

1 セレナイト
2 サンストーン
3 シトリン
4 ラベンダーアメジスト
5 アメトリン
6 オレンジカルサイト

P30（下）の石の名前

1ラブラドライト
2スモーキークオーツ
3パイライト
4フローライト

P30（上）の石の名前

1 ブルーレースアゲート
2 ラピスラズリ
3 ラリマー
4 カイヤナイト

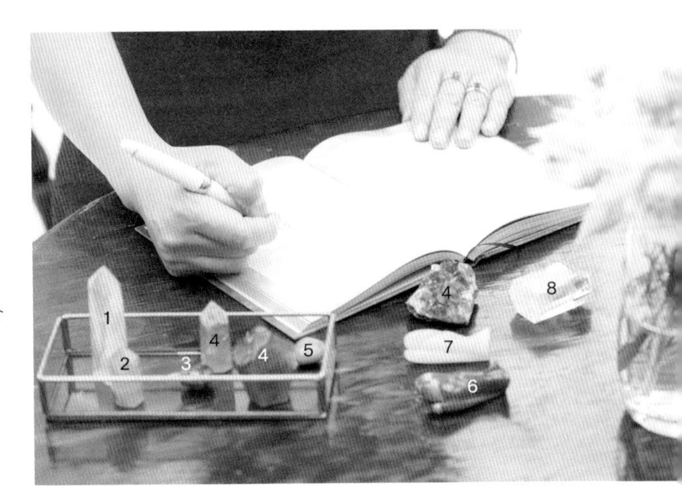

P37（下）の石の名前

1 ゴールデンカルサイト
2 フローライト
3 ラピスラズリ
4 アメジスト
5 ターコイズ
6 カーネリアン
7 ローズクオーツ
8 シトリン

P46-47の石の名前

1 水晶
2 ローズクオーツ
3 カイヤナイト
4 アメジスト
5 シトリン
6 イットリウムフローライト
7 フローライト
8 スモーキークォーツ
9 ピンクカルサイト
10 オレンジカルサイト
11 セレナイト
12 イエローカルサイト
13 デザートローズ
14 黒水晶（モリオン）
15 ファスファシデライト
16 メノウ
17 水晶ジオード
18 ピンクアメジスト
19 パイライト
20 インカローズ
21 ラピスラズリ

P122-123の石の名前

1 パープルフローライト
2 フローライト
3 水晶
4 ローズクオーツ
5 ピンクカルサイト
6 シトリン
7 イエローフローライト
8 スモーキークオーツ
9 ゴールデンカルサイト
10 サンストーン
11 オレンジカルサイト
12 アパタイト
13 アズライト
14 ブルーカルサイト
15 レッドジャスパー
16 タイガーアイ
17 カーネリアン
18 イットリウムフローライト
19 グリーンカルサイト
20 マラカイト
21 セレスタイト
22 ラピスラズリ

P141の石の名前

1 P16と同じ
2 フローライト
3 グレープアゲート
4 ラピスラズリ
5 ブルーカルサイト
6 イットリウムフローライト
7 レムリアンクリスタル
8 イエローカルサイト

おわりに

天然石の旅は、まだ始まったばかり

最後まで、お読みくださりありがとうございます。

人生において、迷いや苦難に見舞われたとき、天然石との出会いが私の心を救ってくれました。
天然石を身につけたり、部屋に飾ったりすることで、心が浄化され、軽やかになる経験を重ねました。その魔法のような瞬間を、迷いながら生きる多くの方々にお伝えしたく、長い年月をかけてきました。この書籍は、その思いの結晶です。

天然石は、自然がつくり出す奇跡の物語です。
心のままに飾ったり身につけたりして、あなたらしく楽しむ。そして、天然石に触れる瞬間、日常の悩みやストレスから解放され、心が温かく、穏やかに包まれることを、この書籍を通じて感じていただければ、何より嬉しいです。

これからも、私の天然石の旅は続いていきます。
あなたも、天然石との素晴らしい旅に出かけませんか？　天然石の神秘的な世界を探求し、その美しさと力をあなたと共有できることが、私の最大の喜びです。新たな発見と奇跡の体験をともにいたしましょう！

最後に、この書籍制作に携わってくださった皆様に、深い感謝の意を捧げます。

しずく

＊P141の石の名前はP139をご覧ください。

profile

しずく SHIZUKU

スピリチュアルリーダー。「代官山 石の雫」オーナー 。
幼少から、見えない世界 と 繋がる不思議 な力を持つ。
霊的な力のコントロールができず苦しんだ20代の時に、天然石に出会い、霊的エネルギーが高まる体験をする。天然石を使い、自分自身を浄化したり、波動を上げたりする方法を独自に習得。天然石の素晴らしさを伝える使命を感じ、2007年にサロン「代官山 石の雫」をオープン。 2009 年より、神の導きによってスピリチュアルリーダーとして覚醒。多数の著名人を含む、のべ2万人以上のカウンセリングを行い、幸せに導いてきた。現在は、天然石のウェブ販売のほか、電話、対面カウンセリングやライブ配信 、人気女性誌『anan』のウェブマガジンでの連載、DMMオンラインサロン「しずくサロ ン」主催など、多方面で活動中。著書に、『神さまのスコープ』(フォレスト出版)、『クリスタルカード』(VOICE)。

代官山石の雫

ホームページ　https://www.ishi-no-shizuku.com

インスタグラム
https://www.instagram.com/shizukumedium

フェイスブック
https://www.facebook.com/daikanyamaishinoshizuku

Staff
撮影ディレクション／内藤衛 （リーフデザインパーク株式会社）
撮影／永谷知也（willl creative）
〈カバー、P2～5、10、14、16、17、22、24、26、28～32、34、35、37、38、48、52～61、65、66、68、69、78、82、104、109（下）、124、128、129、141、142〉
Shin Inaba
〈P12、13、15、20、21、25、27、33（下）、36、39～44、46、47、62～64、70～77、79、80、84～87、97、106～108、109（上）、110～123〉
山田浩一朗、Mark S. Holfinger〈P132、133〉
編集・構成／林 美穂
イラスト／森 千章（windpress71）
校閲／野崎清春
ブックデザイン／中山詳子（松本中山事務所）
撮影協力／MICHIO OKAMOTO WAREHOUSE :
http://furniture.michiookamoto.com
Slowhouse : https://www.slow-house.com
SORCERY DRESSING : https://sorcery-dressing.com
協力／上杉美雪（スタイリスト）〈P39（上）、40、41（上）、64、97〉、
しずくサロンメンバー、染谷壽男

参考書籍：『天然石のエンサイクロペディア』（亥辰舎） 飯田孝一著

天然石と暮らす
心癒やされ、幸運が舞い込む

2024年1月15日 第1版第1刷発行

著　者　しずく
発行者　大森 浩司
発行所　株式会社ヴォイス 出版事業部
〒106-0031
東京都港区西麻布3-24-17 広瀬ビル
TEL：03-5474-5777（代表）
FAX：03-5411-1939
www.voice-inc.co.jp
印刷・製本　株式会社シナノパブリッシングプレス

©2024 Shizuku, Printed in Japan
ISBN 978-4-89976-559-2
禁無断転載・複製